中國民主政制的前途

馬森　著

作者近照　周相露攝

我們先看之中國從孔子首倡民主之思想到今日，少說之

有兩千多年了，可是人民對民主之二字始終無所認識，理解

不讓。不但一般人民，過去之官吏貴賤，下至三教村夫

聖賢之言，無不都是讀聖賢書的，雖則省定民貴、君者輕的

一言以蔽之，就是中國人民從未感到民主政治之需要與

什麼無此需要？原因是中國的社會組織與政治制度走了與

西方極不相同的道路。中國自秦併天下，就注定了

中國的命運。

第一，中國一開始就成了個龐大的國家，無處開

出像希臘式的自獨立的城邦式制度，因地狹

人稀，所以公民皆可直接參與國事，早就養成了參政的經

秀威版總序

我的已經出版的作品,本來分散在多家出版公司,如今收在一起以文集的名義由秀威資訊科技有限公司出版,對我來說也算是一件有意義的大事,不但書型、開本不一的版本可以因此而統一,今後有些新作也可交給同一家出版公司處理。

稱文集而非全集,因為我仍在人間,還有繼續寫作與出版的可能,全集應該是蓋棺以後的事,就不是需要我自己來操心的了。

從十幾歲開始寫作,十六、七歲開始在報章發表作品,二十多歲出版作品,到今天成書的也有四、五十本之多。其中有創作,有學術著作,還有編輯和翻譯的作品,可能會發生分類的麻煩,但若大致劃分成創作、學術與編譯三類也足以概括了。創作類中有小說(長篇與短篇)、劇作(獨幕劇與多幕劇)和散文、隨筆的不同;學術中又可分為學院論文、文學史、戲劇史、與一般評論(文化、社會、文學、戲劇和電影評論)。編譯中有少量的翻譯作品,也有少量的編著作品,在版權沒有問題的情形下也可考慮收入。

有些作品曾經多家出版社出版過,例如《巴黎的故事》就有香港大學出版社、四季出版社、爾雅出版社、文化生活新知出版社、印刻出版社等不同版本,《孤絕》有聯經出版社(兩種版

本）、北京人民文學出版社、麥田出版社等版本，《夜遊》則有爾雅出版社、文化生活新知出版社、九歌出版社（兩種版本）等不同版本，其他作品多數如此，其中可能有所差異，藉此機會可以出版一個較完整的版本，而且又可重新校訂，使錯誤減到最少。

創作，我總以為是自由心靈的呈現，代表了作者情感、思維與人生經驗的總和，既不應依附於任何宗教、政治理念，也不必企圖教訓或牽引讀者的路向。至於作品的高下，則端賴作者的藝術修養與造詣。作者所呈現的藝術與思維，讀者可以自由涉獵、欣賞，或拒絕涉獵、欣賞，就如人間的友情，全看兩造是否有緣。作者與讀者的關係就是一種交誼的關係，雙方的觀點是否相同並不重要，重要的是一方對另一方的書寫能否產生同情與好感。所以寫與讀，完全是一種自由的結合，代表了人間行為最自由自主的一面。

學術著作方面，多半是學院內的工作。我一生從做學生到做老師，從未離開過學院，因此不能不盡心於研究工作。其實學術著作也需要靈感與突破，才會產生有價值的創見。在我的論著中有幾項可能是屬於創見的：一是我拈出「老人文化」做為探討中國文化深層結構的基本原型。二是我提出的中國文學及戲劇的「兩度西潮論」，在海峽兩岸都引起不少迴響。三是對五四以來國人所醉心與推崇的寫實主義，在實際的創作中卻常因對寫實主義的理論與方法認識不足，或由於受了主觀的因素，諸如傳統「文以載道」的遺存、濟世救國的熱衷、個人的政治參與等等的干擾，以致寫出遠離真實生活的作品，我稱其謂「擬寫實主義」，且認為是研究五四以後海峽兩岸新小說與現代戲劇的不容忽視的現象。此一觀點也為海峽兩岸的學者所呼應。四是舉出鰲

析中西戲劇區別的三項重要的標誌：演員劇場與作家劇場，劇詩與詩劇以及道德人與情緒人的分別。五是我提出的「腳色式的人物」，主導了我自己的戲劇創作。

與純創作相異的是，學術論著總企圖對後來的學者有所啟發與導引，也就是在學術的領域內盡量貢獻出一磚一瓦，做為後來者繼續累積的基礎。這是與創作大不相同之處。這個文集既然包括二者在內，所以我不得不加以釐清。

其實文集的每本書中，都已有各自的序言，有時還不止一篇，對各該作品的內容及背景已有所闡釋，此處我勿庸詞費，僅簡略序之如上。

馬森序於維城，二〇一〇年七月二十三日

序

英國社會思想家斯賓塞（H. Spencer）認為人類社會是單線進化（unilinear evolution）的，先由原始的社會發展成君主專制的政體，再由君主專制的政體發展成民主的工業社會。依據他的理論，西方的社會是最先進的；像東方的社會、非洲的社會，都依次排列在這條線前方的某一個點上，正待機向民主的工業社會前進。

當然他的這種理論早被後期的社會學家詆為「社會的達爾文主義」，帶有帝國主義、殖民主義的臭味。以後的社會科學家，像史提華德（J. Steward）和李維史陀斯（Lévi-Strauss）等，都主張多線進化（multilinear evolution）的理論，認為每一個社會都具有各自的道路和指標，殊無道理必然邁過西方社會所經歷的步跡。近代的人類學和社會學的研究成果，雖然使後一種理論看來更接近事實的真相，但是也並不能否認文化的傳播會促使眾多的社會無法堅持固有的軌道，不得不中途改弦易轍。

如果沒有西方強勢文化的入侵，中國顯然可以按照既有的軌轍進展下去，不必有資本主義，不必有工業社會，也不必有民主政治。在過去三千年的王朝更替中，中國人自有一己的悲歡生涯，中國文化也呈現了相當明確的自足性，無須外力的救援與輔助。但自從西方強勢文化入侵以後，這種固有的常道在價值觀念

的動搖下忽然變得可疑了。首先動搖的是君主政治，其次受到衝擊的是小農經濟。君主政治不能再滿足受了西方民主思潮洗禮的知識分子的需要，小農經濟也無法饜飽嘗過工業產品甜頭的一般小民的慾求。因此，像眾多的其他「發展中」的國家，中國也不能自止地步上了工業生產和民主政治的道路。這種發展雖然不足以反證主張「多線進化」的學者們的立論，但卻可以使斯賓塞在他早已僵冷的墓穴中竊笑：「你看，不是嗎，大家都朝向民主的工業社會邁開大步！」

唯一不同的是斯賓塞當日的理論的確帶有西方人的種族優越感，認為其他種族的社會永遠追隨在西方之後，永世無能與西方世界並駕而齊驅。他絕未夢想到在短短的一百年中，東方有些社會在經濟生產上已經跑在了有些西方社會的前頭。目前在政治制度上雖然還不曾領先，但以同理推論，政治制度的光明前景也並非是不可預期，甚至可以說是指日可待的。

我這種樂觀主義，一方面固然早有事證的支持，另一方面也表現了我個人對人類智慧的信心；特別是對中國人的智慧，雖不會像西方的種族主義者視本族超越他族之上，但絕不會懷著任何自抑自卑的情結而自認己不如人。

西方的近代發展，用一句抓住要領的話來描述，就是資本主義的興起開拓出「擇優而取」的可能。資本主義以外的經濟運作方式幾乎都沒有這種可能，這就是為什麼針對資本主義的弊端而起的社會主義，不旋踵在經濟和政治上都遭受到挫敗的命運，而不得不回過頭來重新汲取資本主義經驗的最根本的原因。

中國也在屢起屢躓的顛躓中歷盡了萬般的磨難和痛苦，而終於義無反顧地走上民主政制的道路。臺灣成為先鋒，龐大的中

國大陸也勢必無所選擇地跟進。即使無能立刻跟進，也不過是礙於慣性的愚執，使自己的同胞多吃一些苦頭，而終有智明事順的一天到來。

這本書即是討論中國步上民主道路的過程，並指出在民主政制前途上所呈現的希望。然而，希望畢竟只是希望，把希望轉化為現實，仍待全體——我強調全體兩字——公民的覺悟和努力。

一九八八年三月二十七日於南臺古城

目次
Contents

中國民主政制的前途

民主與傳統文化

　　一九五八年唐君毅、牟宗三、張君勱、徐復觀四位先生共同具名發表了為〈中國文化敬告世界人士宣言〉①一文,對中西文化有精闢的見解;特別是對於我國傳統文化的反省一部分,分析特別深入,觀點尤其客觀。譬如他們在「中國文化之發展與民主建國」一節中說:「中國文化歷史中,缺乏西方近代之民主制度之建立。中國過去歷史中,除早期之貴族封建政治外,自秦以後即為君主制度。在此君主制度下,政治上最高之權原,是在君而不在民的。由此而使中國政治本身,發生許多不能解決之問題。」如此指出中國古代政治制度的癥結所在,自較一口否認中國曾有專制制度者為客觀,為真切。

　　中國歷史上固然不曾有民主政治,然而在中國古代之思想中,是否曾有過民主的傾向呢?這當然是有的。孟子的「民為貴、社稷次之,君為輕」,不就是非常大膽的「民主宣言」嗎?同文中也曾言及:「中國過去政治,雖是君主政治,但與一般西方之君主政治,自來即不完全相同。此種不同,自中國最早的政治思想上說,即以民意代天命。故奉天承命的人君,必表現為對民意之尊重,且須受民意之考驗。」以後在實際政事上,又「有

代表社會知識分子，在政府中之力量之宰相制度，諫諍君主之御史制度，及提拔知識分子從政之徵辟制度、選舉制度、科舉制度等。這些制度，都可使君主的權力受一些道德上的限制。」雖則如此，然而「只是這些制度的本身，是否為君主所尊重，仍只繫於君主個人之道德。如其不加尊重，並無一為君與人民所共認之根本方法──憲法──以限制之。於是中國知識分子，仍可被君主及其左右加以利用，或壓迫、放逐、屠殺，而在此情形下，中國知識分子只能表現為氣節之士。至此氣節之士之精神中，即包涵對於君主及其左右之權力與意志之反抗。但此反抗並無救於政治上之混亂、國家之敗亡。」文中的結論是「中國政治必須取消君主制度，而傾向於民主制度之建立。」

經過西方政治制度的對照以後，近代中國人，誰都知道民主制度優於君主制度，誰都希望（或者連今日的中國當政者包括在內）中國建立起民主的政治制度來。可是為什麼中國的民主制度總是建立不起來呢？是因為沒有憲法嗎？那麼為什麼在制定了憲法之後，卻又無人去遵行呢？這才是問題的關鍵所在。中國古代思想中早就有民主的傾向，然而光是思想中的民主傾向，是否即能誘導出民主政治來？昨日不曾！今日不曾！明日能成嗎？這是值得我們再思、三思，甚至於百思千思的問題。

中國近代領導革命的領袖，無不想憑藉我國古代一點民主思想的萌芽，直接把西方的民主政治接引過來。因為西方民主國家有憲法，我們也制定憲法；因為西方的民主國家有國會、議會，我們也選舉議員，組織國會、議會。可是今日事實擺在我們的面前，孫中山先生的五權憲法成功了多少？共產黨建立政權之後所制定的憲法又成功了多少？我們的國代或人代，又到底代表

了些什麼人？因此可見民主政治的關鍵問題，還不只是憲法及國會。那麼民主政治的關鍵又是什麼呢？我以為關鍵乃在廣大的人民群眾對民主政治的需要和認識。為什麼要把需要與認識並舉？因為認識非來自切身的需要不可；光是從書本上或報章雜誌上看來的，永遠不能成為真正的「認識」。

中國民主政制何以不能建立

我們先看看中國從孟子首倡民主思想到今日，少說也有兩千年了，可是人民對民主二字始終無所認識，毫不理解。不但一般人民，過去上自皇子貴冑，下至三家村的學究，無不是讀聖賢書；雖則一面肯定「民為貴」、「君為輕」的聖賢之言，卻從不曾想到在實踐上印證一番。究為何故？一言以蔽之，就是中國人民從未感到民主政治之需要。為什麼無此需要？原因是中國的社會組織與政治制度走了與西方極不相同的道路。中國自秦始皇一統天下，就注定了中國的命運。

第一，中國一開始就成了個版圖極大的國家，無法建立像希臘式各自獨立的城邦制度。西方古代的城邦制，因地狹人稀，所以公民皆可直接參與國事，早就養成了參政的經驗與權利義務的認識。例如公民權，以及公民、奴隸及外來者間的嚴格的區別，使人明白如無政治地位，生活即沒有保障。中國古代的人民過的卻是「天高皇帝遠」的生活。秦制地方上雖有郡守、郡尉、縣令長、三老、嗇夫、游徼、亭長等負責民政的地方官，但都是些代表中央下達命令的吏，卻不是組織人民讓人民參政的。因此中國古代的人民，上有命則聽之，無命則樂享，從不曾想到自己有什麼權利。

第二，在極大的版圖上，中國建立的是中央集權的制度，政權集中在皇帝一人之手，充其量也不過在其左右少數人的手中，而且又因國之利器（權）是不可授人的，因此形成統治集團與人民群眾的脫離，不若西方古代因為經常的宗教祭祀及戰爭可以把當政者與人民團結在一起，使人民有與政府為一體的感覺。

第三，中國的政治權力的移轉，在人民的印象中是天授的。西方古代雖亦有神的觀念，但其選舉執政官（不管是否出自真正的民意）的制度來源甚早，無形中造成了公民當政的潛意識。中國人民則從不曾夢想到可以選舉皇帝。

第四，西方人宗教意識強，尤其在基督教勝利之後，宗教生活加強了平等、團結的觀念。中國古人則只有家族觀念，國家團體意識至為淡薄，這也是人民忽略政事的原因之一。

第五，西方的階級對立尖銳，像古羅馬時代的貴族（Patriciens）與平民（Plebeiens）的抗爭，法國大革命時代貴族、平民及中產階級的爭奪政權，使西方人自古對政權即看成為一種有切膚之痛的大事。中國的階級自古即不明顯。即使說有階級的存在，但並無階級意識之自覺，所以不論是農民起義也罷，流寇作亂也罷，多因天災人禍外憂內患所逼成，卻非為代表某一個階級爭奪政權而起。因此中國從不曾有西方式革命，中國人也一向視政權為身外事。這也就是錢穆先生所指的「中國歷史上層有翻覆，下層還安安頓頓」②的原因。

第六，中國因為中央集權，中央政府與廣大的人民完全脫離，所以雖有暴君，只能暴及其左右大臣，不像西方之專制暴君災及庶民，使中國人民不會感到有向皇帝討民主的必要。

以上僅舉其犖犖大者，不必細舉，即可看出中國古代雖有民主思想的萌芽，但因中國社會組織與政治制度的特殊，一不曾給人民以參政的機會，二不曾使人民感覺有參政的需要，終至使中國人覺得「納了糧，人人都是自在王」。要他們對民主有所認識，不是問道於盲嗎？西方人之所以不惜以鮮血來換取民主者，乃因他們的歷史告訴他們，若在政治上沒有地位，即不能生存。幾千年來積成的一口憤懣之氣，在近代才開出民主的花朵來。中國人自古即不知政治地位為何物，雖不曾管其政治地位，亦無礙於生存。若說西方人是靠政治地位而生活，中國人則是「在家靠父母，出外靠朋友」而生存。結果是民主於我何有哉！在這種情形之下，只靠了幾個知識分子的主觀願望，想把西方人幾千年來用拋頭顱、灑熱血的方式凝聚而成的「民主」輕輕易易地搬過來，又怎麼會成功得了呢！我們不要只去指責幾個當政者，不給人民以民主，西方的民主，哪裏是當政者給的，是人民自己爭來的！我們的人民自己不去爭取，只怪當政者專制獨裁又有何用？就是遇到肯行民主政治的當政者，面對一群對民主漠不關心的人民，也會心冷的吧！

物極必反

然而我們也並不能完全同意錢穆先生所謂的「上層翻覆，下層還是安安頓頓」的說法。就算中國的歷史基礎穩固，就算是我們這條路走對了，一件事，如不比較，則總是對的；一比較，才會看出高下來。中國的社會組織及政治制度之所以處於劣勢者，乃是受了西方的社會組織及政治制度對照以後的事。以前中

國人一直以為自己的文化高人一等，到了這時候，才不得不承認我們的文化已經有一個相當長的時期停滯不前了，最少是進展得非常遲緩。連最保守的人，也不得不承認我們得向西方學習科學與民主了。

我們該明白，中國人到了今日，也成了需要民主的民族。我們的祖先不曾需要，那是因為他們沒有民主也可以生存。現在我們是沒有民主便無法生存。不是我們自己無法生存，而是那些民主的國家不容我們生存！那些學會了西洋方式的專制獨裁者不容我們生存！我們是被迫投入這一個民主的洪流之中。可是我們以上剛剛說了，我們歷代都不曾出現民主，今日仍沒有出現民主，民主對我們既是這般要緊，然則將來能不能出現民主呢？我說：能！理由是：像民主這種制度，既是由「民」來「主」的，則絕不能由上而下地來完成，非要由下而上地推動不足以建立。這也就是中國古代雖早已有民主的思想，而卒不能開創民主制度的主因。為什麼說未來就有出現民主的可能呢？那是因為共產黨二十年的「苛政」給中國打下了爭取民主的基礎！

也許有人以為我在此故作驚人之語，既說是「苛政」，為什麼又說是為民主打下基礎呢？其實道理很平常，我們只要看一看西方的歷史，西方的民主不正是從苛政下蛻變而來的嗎？十八世紀法國平民的遭遇（很多人都讀過狄更斯的《雙城記》，其中所寫貧民的悲慘生活並無誇張），中國過去的平民何嘗遭受過？因為平民受不了貴族的壓迫，才激成一七八九年的大革命，由是唱出了「自由、平等、博愛」的口號。中國則直到一九四九年，從未有過真正的下層的翻覆。中國共產黨當政以後，才開始把這數千年來安安頓頓的下層翻了過來。中國本不曾有什麼嚴格的階

級，可是毛澤東一定要把中國社會按照西方的社會分成好多個對立的階級③。中國過去若說有階級之分，其間並不曾有像西方那般的深仇大恨，可是共產黨一定要說是有血海深仇。於是像唐‧吉訶德向風車宣戰似地，中國共產黨也朝著階級鬥爭進軍了。不管是無中生有也罷，以假為真也罷，中國這二十年來經過土地改革、三反五反、百家爭鳴、反右，直到文化大革命這些無休無止的階級鬥爭，無不是血裏來血裏去的真刀真槍的演出。不止知識分子，就是一個簡單的農夫、工人，今天也深深地明白到做為壞五類、做為反革命、做為走資派、做為牛鬼蛇神的可怕；自然也懂得了沒有政治地位是無法生存的道理。要想取得自己的政治地位，向統治者乞討是沒有用的，唯一的方法就是血裏來血裏去真刀真槍地去鬥爭！去奪權！除此之外，別無他途！現在毛已經奪了劉鄧的權，以後呢？看吧！中國人民已經不是任人宰割的羔羊了！這二十多年的鍛鍊，已經使中國人民認識到，不把政權奪到人民自己的手裏，人民是無法生存的。

國家主權與省聯政府

民主政治的實現，除了人民自己對民主的需要與認識做為基礎以外，還須有一個附帶的條件，就是國家之獨立自主；特別是經濟上的獨立自主。有了國家的獨立自主，配合上人民對民主的要求，才有實現真正的民主制度的希望。不然，要是一個國家的經濟命脈操縱在別的國家的手裏，處處受外力的干預，就是有憲法、有國會、有選舉，所實行的仍然是假民主，而不是真民主。中南美洲、亞洲有些國家，就是我們很好的榜樣。對於這一

點，中國人仍然不得不感謝半個世紀以來中國的革命政權的努力，使中國終於一步步擺脫了帝國主義勢力的鉗制，而走上了獨立自主的道路。

然而雖有了實現民主政治的客觀條件，也只能說有實現民主的可能與希望，並不能說必定可以實現；且在實現起來亦將有遲速之分。欲期其必定實現，欲期速現而非遲現，這還得要靠中國全體人民對民主政治的信心及促其實現所做的努力。

但未來在經濟制度上卻不能再退回到私有財產制，在社會組織上也不便再退回到西方資本主義國家的社會組織。這是已經超過了他們的，豈可輕易放棄？那麼在國體與政府組織上，自然也沒有模仿西方資本主義國家的必要。然則雖不必模仿，仍容有可資借鑑之處。譬如美國的聯邦制就很有參考的價值。我國為一版圖極大的國家，實行中央集權實不容易；勉強行之，恐難以跳出歷史上一治一亂的覆轍。且中央集權總與民主精神相違拗。筆者認為應以聯省的政府取代中央集權的政府。

目前看來這些雖只是紙上談兵，但也未始不可與未來國人尋求民主的傾向相配合。因為要建立真正的民主制度，我們現在已經看出來，憲法不是絕對不可或缺，國會亦不是絕對不可或缺，只有一點是絕對不可或缺的，那就是如何具體地真實地讓人民自己來控制政權。我們也知道，制定一部憲法不是什麼大難事，組織一個國會也不是什麼大難事，惟有讓人民自己來控制政權卻是大難事。法國的全民投票可以使戴高樂掌權，也可以使戴高樂下臺，似乎可以說是政權已經掌握在人民的手裏，然而事實上也未必盡然，否則法國便不該再有如此頻繁的政治與社會問題。法國是一個有民主觀念基礎的國家，又是小國寡民，尚且如

此，何況中國這麼一個沒有民主經驗的大國。困難固然困難，但我們總不應讓困難嚇倒了。有時候，正因其難，才更足以刺激有志者的勇氣。我們應該鄭重地討論這一個問題，看到底有沒有可行之道。

首先，我們覺得政體的變革，因勢乘便較易，全盤更易則難。因此就沒有必要一定要把目前中國的政府組織徹底改組。所應改革者，只是中央政府應該及早地把一部分權力下放到各省去，特別是立法權與維持地方治安的警察權。我說是因勢乘便，就是寄望今日各地在文化大革命中奪得政權的地方勢力，千萬不要把已奪得的權力輕易放歸中央去。要放歸一部分給中央，應該經過磋商的方式，也就是說設法使未來的中央政府建立在地方權力聯合的基礎上。我們覺得只要一部分權力歸於各省地方（今日既沒有了世襲的觀念，又有中央政府的監督和其他省份的制衡，便不怕有軍閥割據的局面出現），權力慢慢地自會轉入已經有了政治警覺和民主要求的人民手裏。

法治觀念

然而要保障民主政體施之有效，當應以法治相配合才行。中國雖早有商鞅、慎到、申不害、韓非等開了法治的先河，惟此等法家乃著眼於統治階級如何治理人民一點，卻從未思及如何保障人民之權利，是以與西方的法治觀念有大段距離。中國的法家思想，比之於儒家思想，更為不民主，更不可依恃。在歷史上，法家的思想也不曾敵過儒家倫理思想的力量，以致中國人總以倫理代法理，以道德代法律，以情感代理智。梁漱溟先生認為中國

人是一重理性的民族，我以為不確，也不贊同梁氏把理智理性分離的說法④。所謂重理性與否乃比較而言，因為凡人皆有理性。較之於西方人，我國人則輕理性而重情感。牟宗三先生在其《歷史哲學》中言：「道德的主體自由使人成為道德的存在，藝術性的主體自由使人成為藝術的存在，思想的主體自由使人成為理智的存在，政治的主體自由使人成為政治的存在。中國所充分發展的是前兩者，西方所充分發展的是後兩者。」⑤此言甚是。譬如說，胡適先生就是一個重理智的典型，便極難為代表傳統文化自居的學者所接納。

因此在中國歷史上，才會法政不分，才會先酌情而後論法。像雨果的《悲慘世界》中那種因無法解開人情與法理之間的矛盾而自殺的官吏，在重人情的中國是不會出現的。這可以說，一面是中國人的長處，一面也是中國人的缺點。事實上，西方人那種全以法為準繩的冷冰冰的理智態度，有時是不盡合理的。但中國人的泥於情，卻又易流於枉法滅紀的混亂狀態。特別是最近的文化大革命，更可以看出法律在中國之無效來。沒有法律，也就等於沒有客觀的標準。沒有客觀的標準，有勢有力者皆可胡作妄為。有勢有力者既可以任意而為，一般人的安全便沒有保障，遑論乎實行民主政治！

法律正是對強權者的限制，對弱者的保護，所謂王子犯法與民同罪。法律一旦制定，即須人人遵守。如發現其有不合情理之處，自當修訂之，更改之，但不可任意枉法毀紀。然而中國人從不曾有守法的習慣，是否今後能夠培養出法治的精神來，這一點卻值得懷疑。也許中國人在嚐夠了沒有法律保障的苦頭之後，會憬然覺悟，非法治不足以保民主。但也許竟不能改其依情就勢

的積習。因法治不但出之於理智，且積自習俗，我國人既不長於理智，又缺此習俗，是以難以驟然養成法治的精神。

唯一可行之道，即是硬性規定司法之獨立。各省司法之獨立權，由中央政府監視之，保障之。一切刑事民事（思想犯、政治犯則在民主政體下不成其為犯），均由各自獨立的地方法院處理。各省可設有自成系統的各級法院，但無需乎一全國性之最高法院，以俾各地方法院在中央政府及地方政府兩大勢力間，取得一平衡緩衝而確保其獨立性。因無一全國性之最高法院或司法部之類的總領，地方法院只受中央之保障，而不受中央之命令或控制。且各省都有自己的立法權，司法上自然也無須劃一，各省均可按其獨特之法律處理之。如此，也許法治精神就會慢慢培養出來。待法治有了基礎之後，再言憲法、議會不遲也。

結語

在五四時代，當新舊之爭正熾烈之時，以維護我國固有文化自任的保守派，咸視革命派為洪水猛獸。其偏激之處，則舉凡故存之物，不論癰腫癤瘤一概以國粹視之。辜鴻銘即曾為我國之納妾制度辯護說：只見一堆茶杯圍繞著一把茶壺，從未見一堆茶壺圍繞著一個茶杯，是以納妾為最合理的制度。時至今日，恐怕沒有人再敢唱這一類的高論。即使仍有納妾之癖的人，也無不偷偷摸摸，自以為是不可見人的可恥勾當。這可以表明，時代是往前推進了，生活已經起了變化，而道德觀念亦非故有。不幸今天有些上了年紀的人，仍然拒絕正視現實，繼續沉睡在懷古的夢裏，且以此來教導後進。殊不知逝者如斯乎不捨晝夜的光陰是不

斷前進的。即使看不慣一夫一妻的小家庭制，但今日如何能夠恢復昔日聚族而居的大家庭？即使反對大學敞開大門讓大家進，但誰又有這個力量長此以往把高等教育緊抓在一部分特權階級的手中呢？

上一個世紀法國的史學家戴古朗惹（N.D. Fustel de Coulanges）曾有一段批評歐人對待古代希臘、羅馬的態度，很值得我們的參考。他說：「歐洲教育方法常使我們自童年即熟於希臘、羅馬，於是習慣將他們不斷地與我們相比，按照我們的歷史去批評他們，或按照他們的革命以解釋我們，從他們所遺留至今的事物，使我們以為他們與今人相似；欲視他們為外人，頗覺困難；幾乎時常誤認他們即是我們。由此生了無數錯誤。以近代議論與事物去看他們，自然不能不錯看古人了。這種錯誤並且含有危險，對希臘、羅馬思想的誤解常擾亂近世。因觀察古代邦國制度的錯誤，近人常欲將之復行於當世，且對於古人自由發生幻想；只此即足使近代自由發生危險。最近八十年的經驗，足可證明近代社會進步的極大阻力，在於近人的心目中，常存有羅馬及希臘的古代。欲明悉古代人民的真確情狀，最合理的方法，即研究時不要想到我們自己，認他們完全是外人，與研究古代印度史或阿拉伯史一般的自由與無所顧慮。如是觀察，然後知希臘、羅馬有絕不可仿效的性質。近代無一與他們相似，將來亦不能有所相似。說明管理那種社會的定律以後，自然容易明悉那些定律再不能管理人類了。」⑥

可見崇古、模古、復古的風氣非中國所獨有。以崇古、復古的態度來研究歷史，固然難得歷史之真相；以此態度來教育後進，更易使未來者誤入歧途。這一個世紀以來，西方人雖在社會

問題上、經濟問題上、政治問題上遭遇到種種的困難，但沒有人再倡復古，可以說他們已認識到歷史的進化性。「古」豈可輕易復哉？我國的漢唐盛世，其所以稱之為「盛」，乃據一定的歷史階段而言。如叫今人再恢復到漢唐時代的生活，在家先無自來水、無電燈，出門無汽車，就只物質生活一項恐怕就難以忍受，遑論精神生活乎！

我們不主張崇古、模古、復古，也並非說古人全沒有值得吾人借鏡之處，否則即無須研究歷史。然而要想取鑑於古為今之用，首先必須觀察古代之真相，不要以我們自己的假想來遮迷了我們的眼睛。如要明其真相，得應該把古人、古事看做一個客體，拿來研究。這也並不是說在對待客體的時候不容有感情，但總不能使感情任意泛濫，溢出了理智的常規。說到頭，縱使視其為生命之學，史學也總是一門科學，與對待文學與藝術的態度不當相同。

所以「知古而後知今」一語。不應只見其同，而應該就其古今相異處著眼。更不可先有成見在前，認為凡不同於古者皆非。如今必似古，人類又何得進步？論到今後一個國家或一個民族的去向，也不能跳過當前而硬把未來安接於極遠的過去上頭。當知「今」固然從「古」來，然已非「古」；「未來」固然從「今」出，然亦必非「今」。因此，如論到我國之前途，與其就周公、孔子立論，不若把眼光放在現在；特別是對近代西學東漸與共產黨當政這兩件大事，切不可輕易忽略過去。

原載一九七二年一月《明報月刊》第七十三期

作者按：本文原為一篇評論文的結論部分，所評的是錢穆先生一九七〇年元月在臺南成功大學所做的一系列演講（該講稿後由中央日報社於同年以《史學導言》的書名出版）。原文長達四萬餘字，於一九七〇年中寄給香港《明報月刊》。當時《明報月刊》主編胡菊人先生可能對是否適宜刊出考慮甚久，後回信說因評文過長，預備分四部分連續刊載。第一部分於一九七二年元月號《明報月刊》首篇刊出，並加「中華文化與中國之路論集」的標題。編者在「導言」中特別提及「本期刊出第一篇，是遠在墨西哥大學的馬森教授的長文的一部分。特別論及中國民主制度如何建立的問題。下期將刊出宋定式先生檢討中國傳統與知識分子的問題。附帶聲明的是，所刊文稿無論在政見上或文化觀點上，並不代表本刊的意見和立場。」從「導言」的聲明中可見主編的苦心，因為錢穆先生乃一代宗師，不得不對評錢先生言論的文章特加小心。我自己對錢穆先生素極敬重，正因此之故，才敢於不揣冒昧把自己對錢著《史學導言》一書的意見坦率寫出，以求教錢穆先生。當時我深以為奇怪的是，第一部分所刊出的竟是評文的結論部分，評文的主體卻全未涉及。後來「中華文化與中國之路論集」亦未繼續出現。又過了一年之久，評文的第二部分才以「中國的家庭與衣食住行」的題目刊於一九七三年二月號《明報月刊》，所用的副標題仍是「中華文化與中國之路」。兩次刊出的文字合計，不及原文的四分之一。原文的主體部分以後即未再續刊，主編亦未說明原因。

事隔多年，作者由墨西哥而加拿大，由加拿大而英國，由英國而臺灣，屢經播遷，原稿已不復記憶在何處。本書所收兩文，僅為《明報月刊》刊出部分。文中提及錢穆先生言論，因未見原文主體部分，看來似嫌突兀，故草此經過，以為讀者之參考。

作者誌於南臺古城　一九八八年五月

---

① 此文首刊於一九五八年六月一日《民主評論》。第九卷第一期。
② 見錢穆《史學導言》（一九七〇·臺北中央日報社）頁七九。
③ 參閱《毛澤東選集》：中國社會各階級的分析。
④ 參閱梁漱溟：《中國文化要義》第七章「理性——人類的特徵」。
⑤ 見牟宗三：《歷史哲學》第一部第三章「平等與主體自由之三態」。
⑥ 引自李宗侗譯《希臘、羅馬古代社會史》（原名 *La Cité antique*）敘言。

民主政治的理想與現實

　　最近在《展望》上一連看到兩篇喻鍾烈先生討論「公有政治制度」的文章，而且作者及編者都希望讀者能夠一起參加討論這個題目。我自己一向就喜歡喻先生的作品，也一向非常欽佩喻先生的宏論；雖然偶爾也有意見歧異的小地方，但在大方向上我想我是贊同喻先生的立論的。特別是有關對「民主政治」的認識。他說：「民主政治制度本身是不能予以否定的，而是要去改革它的短處，發揚它的長處。」（見《展望》第二二七期喻作〈甚麼是無產階級專政？〉）我自己對此也具有同感。

　　對這個問題，本來不應有多費唇舌的必要，無奈國人常常對於「民主政治」一詞持有非常極端的看法。由於看法的極端化，因而分出壁壘分明的兩個陣營：一邊是自詡為保衛「民主政治」的戰士，一邊則是視「民主政治」與「資本主義政體」為同義語的所謂革命家。前者對「民主政治」的現行制度及理想維護不遺餘力，後者既認在資本主義國家中現行的「民主政治」為腐朽落伍的欺人之談，自然進一步連「民主政治」一詞也就嗤之以鼻。其所以結成如此的後果，恐怕乃在著眼點的分歧。前者重視「民主政治」的理想，因此對現行「民主政治」的弊端便可多所包涵；後者看定了「資本主義」的沒落命運，便覺無法容忍現行的「民主政治」的短處。

歸根到底，問題乃在我們是否應該把理想與實際分離這一點上。也就是說，第一、我們應否只根據對「民主政治」的理想，來肯定今日在資本主義國家中所實行的「民主政治」的全面價值？第二、我們應否只根據今日在資本主義國家中所實行的「民主政治」的缺點來否定「民主政治」的理想？

　　每一種人為的制度都有其理想的一面，也有其現實的一面；而理想與現實之間常常是有距離的。不過，從人類的進化歷程上看來，理想與現實之間也有其不可分割的統一性。因為沒有一種理想是不以現實為基礎而純然杜撰的產物。也沒有一種現實可以完全擺脫了理想的影響力；固然除了理想以外，現實的發展仍有其為理想所不能控馭的未知因子。以此來論「民主政治」，便知道「民主政治」的理想本來也是在人類實際的政治經驗中昇華而成的。那麼今日在資本主義國家中實行的所謂的「民主政治」，也是受過「民主政治」的理想影響的。不過除了「民主政治」的理想的影響力以外，現行的「民主政治」的發展，仍具有其他經濟的社會的未知因子。所以我們也絕不能保證現行的「民主政治」，就必定可以通向「世界大同」（姑且以「世界大同」為人類政治理想的極至）。然而，雖其並不一定就是通向「世界大同」的康莊大道，但它畢竟是我們前進的一步階梯，在資本主義國家中固然擺脫不掉這一步階梯，就是在社會主義國家中也不能無視其巨大的影響力。匈牙利及捷克事件，南斯拉夫及羅馬尼亞的傾向，就是很好的例子。

　　我們既然視今日在資本主義國家中現行的「民主政治」為人類前進的一步階梯，就應該知道這種「民主政治」的具體內容是甚麼。簡單的說，這種「民主政治」的主要內容就是「代議

制」。也就是說，在民選國家的行政元首以外，由人民自行選舉議員，組織議會，來決定國家的主要政策及監督行政元首及其附屬官吏之是否盡職。理論上說，在無法獲致全民政治的有效手段之時，這不能不算一種相當合理的制度。就是在社會主義的中國，也有所謂的「人民代表大會」，而且在原來的憲法上也曾規定過「人代會」為中國最高的決策機關。由此可見，這種政治理論，應該是為資本主義國家及社會主義國家雙方所接受的。所以問題並不在理論，而是在實際實施的情況上。姑以美國為例，其「民主政治」的實施情況，不但承受著西歐近世政治制度思潮的直接影響，同時也與美國本土的經濟、社會發展互為表裏。美國獨立以後的前一百年，在經濟上奠立以自由競爭為基礎的消費者至上的制度。在市場上講求的是看顧客的顏色，消費者是工商出品優劣的最後決定者。在政治上也是看國民的顏色，誰最能代表人民的意願、誰服務最佳，誰就最易於為國民選為議員或政府官吏。所以說那時的一般國民，除了黑人及貧無立錐的無產者外，可以說是國家的主人。就是在政治上無影響力、在經濟上無購買力的真正窮光蛋，在一個以自由競爭為基礎的社會裏，也易於做著白手起家的美夢。實在說，白手起家的事，在一個尚未定型的社會裏，也不是件難事。譬如今日有名的百萬富豪洛克斐勒、汽車大王福特等，當年豈是富翁？然而美國獨立後的後一百年，情況就漸漸不同了。美國的資本主義社會已經逐漸定型，表面上雖仍以自由競爭為經濟的基礎，以民主代議制為政治的準則，內裏卻漸漸地起了變化。第一、由於社會的定型化，人民在社會中縱式的流動（vertical mobility）已經大為下降。也就是說，白手起家已經不是件易事。一般說，富者易於恆富，貧者易於恆貧。反

映在政治上就有治者與被治者分離的傾向。第二、自由競爭的結果，也造成了大魚吃小魚的現象。大企業吞併小企業，終至市場為財力最雄厚的大托拉斯所獨佔，小企業根本沒有競爭的餘地，所謂消費者的權利至此也成了一句空言。經濟上是如此，在政治上，今日的選舉，非有雄厚財力的支持莫辦。像美國這樣的一個大國，如不靠報紙、廣播、電視等的宣傳鼓吹，一般的國民如何真正認識與明瞭一個候選人的品德才能的真相？有野心的候選人既需要財力的支援，焉有不落入財閥的掌握之理？於是財閥與政客相勾結，在內霸佔特權，在外實行商業擴張；對內遂造成勞多酬少、勞少酬多的經濟成果分配不均的後果，對外則表現為帝國主義。第三、由於企業的托拉斯化，一個大企業本身就形成一個龐大複雜的結構。其中真正的決策者，已經不再像中小型企業中的老闆、經理等寥寥幾人，而是財閥、科學家、技術人員的一個複雜的結合體。所以近世的經濟社會學家，有稱西方資本主義社會為一科技結構（techno-structure）者，就是基於此理。這一個複雜的結合體，其實也不能完全自由自主的決策，因為一個大企業的本身就像一個龐大的生物似的有它自身的需求與發展的趨向。其中所有的工作人員，包括老闆、顧問、科學研究專家等在內，都得要看它的臉色。而它的真正的去向與意圖，則是人們今日難以預測的。這種傾向，已經早在近數十年資本主義社會中所產生的種種矛盾與非理性的現象中表露無遺。舉個例來說，二次大戰時，在珍珠港事變以前，美國一直向日本傾銷軍火與廢鐵，難道說美國沒有看見日本侵略中國的事實嗎？這倒也並不完全是因為美國的商人見利忘義，多一半則是由於聽命於軍火企業這個大怪物的需求。今日美俄英法等國一面呼籲以埃印巴等國停火，

一面卻又大做軍火生意，多半也是基於同理。又如今日資本主義國家中的工業產品，是否均基於有利於人民需求的原則，也大成問題。征月之行，表面上雖好像標榜了人類技術上的一大進步，但在地球上諸如貧窮、飢餓、疾病、戰爭諸般問題極待解決的今日，如此豪華的壯舉，焉是當務之急？其他如戰爭的持續、軍備的競賽、環境的污染等比比皆是與大企業發展有關的非理性表現。在這種情況之下，如再說消費者為工商業的主人，國民為國家政治決策的主人，真是一樁荒謬可笑的事了。舉美國，則其他西方及東方之資本主義國家均可概括在內。

如此演變下去，資本主義國家中的所謂「民主政治」大有流於為物所役的趨勢。為物所役，又豈有優於為一獨裁者所役之理？獨裁者畢竟還是一個人，人都或多或少有幾分理性。一個獨裁者如瘋不如希特勒，殘不及史達林，人民總可以忍受的。為物所役，則不敢望其始終遵循一理性之原則進展。如此看來，西方資本主義國家走到今日這種地步，倒多少是由於「民主政治」之罪了。此一結論，自然得建立在「民主政治」與「自由經濟」為一體之兩面這一前提上。因為仔細分析起來，今日之弊，主要乃來自「自由經濟」。不過「民主政治」是否也要分擔一部分責任？這就要看「民主政治」是否有與「自由經濟」分離的可能性。根據人類的歷史經驗所展示的，二者倒的確是一體兩面。唯此一體之二面是否既為不可變更之絕對真理，則猶待進一步考究。

社會主義革命，其原來主要的目的，乃在解決分配問題。資本主義既給人類帶來了大量財富，然而卻無能解決分配不均的畸形發展，所以猶待另一次革命來解決。社會主義用以解決分配問題的手段，首先就是取消「自由經濟」。所有社會主義的理

論，包括馬克思主義在內，均認為取消「自由經濟」，在經濟上並不意味著降低財富的增殖（相反的增殖更多），在政治上也不妨礙「民主政治」的推行（相反的應該比資本主義式的民主更為民主）。然而今日社會主義國家中的實際情況，財富的增殖雖略得繼續，「民主政治」的推行則大有疑問。當然，有人也可以說：「無產階級專政」只是一種「民主集中制」，因為又民主又集中，實在比資本主義的民主制度優越得多。但這只能算一種一廂情願的解說。歷史的事件可以說明「無產階級專政」的內容，專政的是否為「無產階級」雖有疑問，由一部分人「專政」倒確是事實。這也可以說明，到目前為止，「自由經濟」雖未必為「民主政治」的必備條件（有些國家在經濟上實行自由經濟，在政治上實行獨裁），但我們所能見的「民主政治」卻是與「自由經濟」並行的。只是不幸，這種並行的結果，使「民主政治」大為變質，如前所述。因此人類便面臨到抉擇的歧途：繼續走資本主義式的「民主政治」的道路？還是跨越到社會主義，利用「無產階級專政」為手段，達到另一種型態的「民主政治」？在資本主義國家中，有些經濟學者，像約翰·加勒布雷斯（John K. Galbraith）等人，便主張從喚醒群眾對「科技結構」的專權的認識，加強立法權及使政府脫離此「科技結構」而獨立著手，來挽救今日資本主義與今日「民主政治」的命運。在另一方面，社會主義國家中的革命理論家則主張徹底摧毀資本主義制度，以「無產階級專政」的方式來完成人類社會、經濟、政治的全面改革。雙方面的理論都並不是完美無缺的。前者看來雖似平穩，但如何才能有效地加強「立法權」，如何才能有效地使政府脫離目前已龐大無比勢力雄厚的「科技結構」，則大費周章。只喚醒群眾對

此「科技結構」專政之認識，是否即能達到改革的目的，也大有問題。後者則尚無法提出比目前資本主義式的「民主政治」更為民主的樣板（可惜捷克的改革失之交臂）。只說「無產階級專政」就可達到真正的民主，則是否可以達到，連說這種話的人今日恐怕也不敢擔保，又如何能夠取信於人？尤有甚者，有些革命理論家，為了強調「無產階級專政」的必要性，連「民主政治」的基本精神與理想也一併否認之，豈非本末倒置？這也就給未來的「民主」帶來了莫大的威脅。

由上面的分析看來，人類仍然站在朝前探索的歧途，難以斷然下定何去何從的抉擇。不過由此我們便也可以得到一個結論，就是：我們絕不能只根據對「民主政治」的理想，來肯定今日在資本主義國家中所實行的「民主政治」的全面價值，因為現行的「民主政治」早已弊端叢生；同時我們也不該只就此弊端叢生的「民主政治」來否定「民主政治」的基本理想，因為「民主政治」的基本理想畢竟是在人類實際的政治經驗中昇華而成。到目前為止，資本主義國家的「民主政治」，是我們對「民主政治」的唯一經驗，我們便不能拋開這一個歷史的階梯而想一步登天。所以我同意喻鍾烈先生那句話：「社會主義國家應繼承資本主義國家的民主政治制度，且要改良它，使它更民主。」（見《展望》第二二七期喻文）

「民主政治」雖給今日的人類帶來了許多難以解決的問題，但歸根到底，真正有罪的不該是「民主政治」的理想，而只是實施「民主政治」時的某些具體條件而已。

今日我們對社會主義革命的看法，不應該只局限在解決分配問題這一點上，而應該同時注意如何避免走上目下資本主義國

家中這種所謂「科技結構」的尾大不掉的局面。上文已經說過，資本主義國家中這種「科技結構」的形成，主要的乃來自由「自由經濟」政策而逐漸形成的大企業組織。那麼在社會主義國家中，既然取消了「自由經濟」政策，自然不會再產生以資本家為主的大企業。然而，沒有以資本家為主的大企業，卻並不影響產生另一種型態的大企業。特別是在實行「國家資本主義」政策時，更不能避免國營的大企業的出現。這種國營的大企業，目前在社會主義的政策之下，雖然尚未出現兼併小企業及壟斷市場的現象，但卻不無由一新興的「官僚階級」與科學家，技術人才結合的傾向。這種結合，在內同樣地可以形成階級，在外同樣地可以表現為帝國主義。如果社會主義革命的結果，只不過由另一「官僚階級」取代資本家的地位，那這種革命給人類帶來的實際意義，也就極為有限了。所以在社會主義國家中，反新官僚傾向，乃為當務之急。中國的文化大革命，不管其動機如何，其結果在反「官僚主義」作風這一點上實在起了決定性的作用。因此，比之起於俄式的社會主義，中國實則朝前邁進了一大步。

不過，真正防止「官僚階級」之形成，「無產階級專政」式的集權於一人或少數幾人的方式，絕不能為功。非獨不能為功，此「官僚階級」之所以形成，恐怕正是由於「集權」所致。所以欲堵塞「官僚階級」之源，還不得不回過頭來求助於「民主政治」的基本精神。在資本主義國家中，不管其所實行之「民主政治」有多大的缺陷，然而卻未產生社會主義國家中一類的「官僚階級」（官僚作風容或有之），也可以證明「民主政治」的基本精神所產生的防堵作用。

然而，在社會主義國家中，既然取消了我們的歷史經驗中一直與「民主政治」併行的「自由經濟」，是否尚有實行「民主政治」的客觀條件呢？對這一點，既沒有實際的經驗可據，只有在理論上推論之。上文已經提到，在有些實行「自由經濟」的國家中，在政治上卻並不實行「民主政治」。由此看來，「自由經濟」卻也並不就是促生「民主政治」的必要條件。我們只能暫時把「民主政治」與「自由經濟」的併行，看作是一種歷史性的偶合現象。那麼甚麼才是促生「民主政治」的必要條件呢？對這一點，我的看法跟喻鍾烈先生有些不同。他說：「我們首先得承認在中國這樣落後的農業國家裏實行民主是缺乏條件與有一定困難的。中國必須在一個強有力的政府下統一起來動員舉國的人力、物力、財力去創造實行民主的條件。這條件就是工業化。」（見《展望》第二二五期喻作〈論無產階級專政〉）又說：「在中國工業建設飛躍的今天，實行民主的條件也逐漸的在趨向成熟，……」（見《展望》第二二七期喻作〈什麼是無產階級專政？〉）由上所引看來，喻先生是把「工業化」看做是「民主政治」的必要條件的。他可能認為在資本主義國家中，「自由經濟」的結果，不過是造成了工業化，而工業化則帶來了「民主政治」。那麼在社會主義國家中，雖用另一種手段造成了工業化，而工業化的結果當然也會產生「民主政治」。我卻覺得「工業化」雖可有助於「民主政治」的推行卻並不是促成「民主」的主要條件。事實上「工業化」的結果，一樣可以促成「極權」或「法西斯」。二次大戰時的德、日就是很好的例子。所以對促成「民主政治」的條件，我們一定要在「工業化」以外另來找尋。

西方近代的「民主政治」，表面上看來似乎是由工業革命所帶來的工業化所促成，其實內在的因素卻並不如此簡單。且以英法為例，（美國繼承西歐之傳統主要即來自英法，來自德、意者甚少，故可以英、法概括之。）我們就可以看出英法今日之「民主政治」不但有其特有的歷史背景，抑且有其特有的社會因素。首先，英法的文化來源，主要的乃來自希臘與希伯來，希臘文化中不但早已有「民主」的理想，而且也有實施的經驗。希伯來文化則給西歐人帶來了基督教。基督教的在上帝面前人人平等的觀念自然是「民主政治」的主要基礎之一，教會生活更加強了人們在家族以外的群居生活的經驗。其次，英法的歷史可以說是一部異族與異族、階級與階級為了爭奪統治權而進行殘酷的殺伐的血腥的歷史。這種長期的酷烈的鬥爭經驗，使英法人民不但深切地認識到「民主」的重要，同時對「民主政治」也產生了切膚之痛的需求。尤其最後一點特為重要。人民如對「民主政治」沒有切膚之痛的需求，就是勉強掛出「民主」的招牌，那一定也是假民主，而不是真民主。工業同樣發達的德、日之所以易於走上法西斯的道路，也是由於其歷史傳統與社會背景與英法迥異的緣故。

反觀中國，從古至今，則沒有出過現代歐式的「民主政治」。我的看法是，這倒並不是中國不曾發生過民主思想（例如孟子的「民貴君輕」說），也不是因為中國的工業不夠發達，而最重要的原因卻是中國人民以往既沒有對「民主」的認識與經驗，也沒有深切的對「民主」的需求。何以如此呢？那是因為中國的社會組織與政治制度，自始就走上了一條與西方國家極不相同的道路。茲略分析於下：第一、中國自秦一統天下之後，就是一個版圖遼闊的大國，從沒有形成希臘式的城邦制度。城邦制因

地狹人稀，人民易於直接參與國事，易於養成參政經驗與對權利義務的認識。例如公民權，以及公民與奴隸跟外來者政治地位的區別，在中國都是不曾有過的。因為人民不能參與國事，也沒有參與國事的經驗，所以一面養成了「帝力與我何有哉」的脫離政治的野民生活，一面形成了政權天授的觀念。人民既然不能參與政事，便相信政權是天授的；既相信政權是天授的，自然越發不必再去過問政治。第二、在遼濶的版圖上所建立的中央集權制度，由於政權集中在皇帝一人或少數幾人手中，來統治廣大的人民，事實上無法與群眾接觸，又沒有西方人藉宗教祭祀與人民團結的機會，所以容易造成執政者與人民隔絕的現象。結果，壞處是執政者不通民情，好處是縱遇暴虐的君主，則只能暴及其大臣，鮮有災及庶民者（至於兵賦徭役之苦，秦始皇治下的人民不會超過漢武帝時代）。因此人民與政府，一者根本不會產生親和感，再者也不曾感到有向皇帝討「民主」的必要。第三、基於以上的原因，中國人民鮮有政治生活，所有的只是家族生活；以前中國人常只知有家而不知有國，就是這個道理。家庭的組織與倫理觀念又是與社會政治制度互為表裏的，所以二者都是金字塔式的家長至上制。在這種家庭組織與倫理觀念中根本就沒有「平等」、「民主」之可言。「民主」一詞，就傳統的觀念而言，無寧是大逆不道的。第四、中國社會上的階級對立不尖銳，一般人民不像西歐國家的人民似地有深刻的階級觀念。過去的造反，多因天災人禍所逼成，跟階級鬥爭殊少關連，而且從沒有發生過法國大革命式的階級革命。所以中國人始終將政權看做是身外之物，既不為自己也不為自己所屬的階級去爭奪。綜上所述，可見中國固有的社會組織與政治制度，一不曾給人民帶來參政的機

會，二不曾使人民感到有參政的需求，宜乎過去的中國人對政治生活如此的漠然了。

　　然而，今天的中國，卻已經大為不同。這倒並不是因為今天中國的工業已經有了相當的基礎（因為此一工業的基礎也並非不可以把中國帶上「極權」或「法西斯」的道路），而是因為中國共產黨自執政以來在社會組織與意識觀念上所施行的大力破壞與建樹。第一、中共摧毀了固有的大家庭制度，連帶地使以忠孝為基礎的倫理觀念也有破產的傾向（個人崇拜恐怕是此一倫理觀念的一種迴光返照）。第二、中共的土改與人民公社運動，人為地製造了尖銳的階級鬥爭，使人民不但認識了何謂階級，何謂鬥爭，而且也明白了政權的重要。第三、反覆不止的政治運動與日常的政治課、政治會議，使人民無所逃避，非參與政治生活不可。第四、嚴厲制裁壞份子，使人民感到政治問題實在有切身的利害關係，如不奮起保衛一己的政治權利，則只有任人宰割。第五、文化大革命所強調的「造反有理」論，在心理上起著摧毀崇拜權威膜拜偶像的作用，有益於「民主政治」的推行。第六、文化大革命以後，有地方勢力抬頭的趨向。我自己以為軍閥割據的局面不會在今日重現。中央權力的削弱，將有益於地方之自治。

　　以上可以說中共自執政以來為中國所創製的實施「民主政治」的具體條件。根據這些具體的條件，我們才敢說「民主政治」在數千年專制制度的國土上展現了曙光。說到底，「民主政治」不是由幾個知識分子的空論和幾個政客的決心就可以建立的，這得要靠全體人民自己對「民主政治」的認識與需求。

　　同時，在社會主義國家中，既取消了「自由經濟」，建立了「公有制度」，那麼在人民的心理上必須取得另一種補償。如

果說「統制經濟」比之於「自由經濟」對國民而言是消極的，那麼「民主政治」比之於「集權政治」對國民而言則是積極的。

國民一旦失去了在創造財富上的自由追求，必須以政治上自由創造的追求來彌補，否則國民便會完全生活在被動的狀態之中。長期的被動，不但耗損人民的生機，而同時也將削弱一國的國勢。人，是需要創造的生物，所以總得給他一種創造的機遇。但願中國能成為第一個實行「民主政治」的社會主義國家。

原載一九七一年十二月《展望》第二三六期及
一九七二年一月《展望》第二三八期

集體制度的遠景

中共的集體制度

我國自共產政權建立之後，一直在傾盡全力推行所謂的「集體制」；從生產互助組、合作社，到人民公社，一線相承，都是在向這一條道路上發展的。可是從共產政權建立的一九四九年到如今已經二十年了，就是在一九四九年出生的嬰孩到今年也已二十歲了，所謂的「集體制」是不是已經成功地建立起來了呢？從種種源自大陸的資料，特別是文化大革命期間所暴露出來的兩條道路的鬥爭看來，所謂的「集體制」，非但沒有成功地建立起來，且是徹底地失敗了。誰都知道，目前的「人民公社」，只是一種組織形式，或者說是一種生產和行政的區分單位，跟過去的以「鄉」及「村」為單位，實質上是沒有多大區別的。

所謂真正的「集體制」，那不能徒然建立在行政及生產形式的集體組織上就算了事，而是從道德觀念、倫理觀念、心理因素，一直到生產方式、生活方式、行政組織之重新劃分的一種整體的社會大變革。這種大變革勢必要從下而上地發展起來。假如說在社會的底層真正地建立了「集體制」，那在上層的一般行政組織及中央政權將是種甚麼模樣，是今天難以預料的。要是真正的集體的民意反映到最高層的政治組織及政權，那絕不會是一種

專制政權，至少目前的專制政權勢必成為被革除的對象。那麼目前中共政權的少數大倡「民主集中制」者，是否有誠意推行真正的「集體制」，恐怕也是大有問題的吧？

　　共產黨人對「集體制」的認識，恐怕跟西方國家的領導人在基本上沒有多大差別：都是一種推想、一種理論式的臆測。事實上直到今天，東西兩個集團中的人民，都是在以小家庭為單位的制度中長大的。雖說共產集團中的人民多了一份政治性的集體生活，但也沒有道德的、倫理的和心理的集體觀念可言。何況這種政治性的集體生活，約束性大於自發性，且實質上充滿了危害性，並不為一般人民自願地接受，其所以流於形式，也就是勢所難免的了。所以在這種「集體制」尚未建立起來的今天，來為「集體制」繪出一幅具體的藍圖，不是理論式的臆測又是什麼呢？雖然東西兩個集團的領導人對「集體制」的認識都不過停留在理論式的臆測的層面上，但他們所表現的方式卻大不相同；這種差異且具有極大的矛盾趣味。

　　按理說，共產集團的領導人都應該是唯物主義者。唯物主義者，便不應該承認人為的主觀作用可以改變歷史的軌轍。但事實上恰恰相反，他們最愛擬訂一些這樣的或那樣的自認為客觀其實卻極為主觀的計劃，然後全不顧客觀的因素而以強制的方式來大力推行。相反地那些被目為唯心主義者的西方國家的領導人，卻並不會執著在他們一己的主觀意識上，且常常向客觀的因素低頭，而成為一些不折不扣的現實主義者。共產黨人所推行的「集體制」，就是他們這種主觀臆測的產物之一種。

　　中國共產黨自當政以來，所積極全力推行的「集體制」，為什麼二十年來不但全無成效，而且根本不能落實到人民的切身

生活中來呢？我想原因不外以下二者：一是「集體制」的藍圖沒有建立在一個客觀的社會基礎上，二是推行的方式問題。

所謂「集體制」的藍圖沒有建立在一個客觀的社會基礎上，乃是根據中國的社會乃由一個封建的社會組織蛻變來而言。在二次大戰以前，中國確是為列強所包圍；在國運上確是有為列強所瓜分的危險，在經濟上也確是遭受著列強的剝削壓榨，因此極需要一個強有力的政府的領導來反抗外力，也亟需一種集體的生產方式來改變中國落後的面貌。但這只是一時的環境因素。這種因素並不能改變中國之社會為一封建的社會組織這一事實。我們稱中國的社會為「封建社會」，乃是根據約定俗成的法則；落實了說，中國的社會組織乃是以君權和父權為基礎的大家族組織。其他不管甚麼樣的社會組織，都只不過是這個基本組織的投影而已。（像以前的紅槍會、哥老會等黑社會組織，會首稱當家的，會員互稱兄弟等等，都是仿傚家族組織而成。）中國人過去過的基本上是大家庭生活。在同姓的大家庭之間，又有「族」的觀念做為聯繫。非但在觀念上，而且在實際上有家廟、家譜等實物以及祭祖、掃墓等集體活動落實到生活中來。因此過去的中國社會，實際上就是一種以血統為基礎的「集體制」。這種制度是跟過去中國的經濟跟政治制度相密切配合的。到了十九世紀，中國受了西方實力的壓迫，同時受了西方思潮的衝擊，在經濟制度和政治制度上逐漸發生了變化；這種以血統為基礎的「集體制」因為越來越不能適應新環境，遂暴露出種種缺點，而成為眾矢之的，終於變成新生的一代（五四時代的革命先驅）口誅筆伐甚至於以血肉來摧毀的對象。道德觀念及倫理觀念也都逐漸改變了，再沒有人承認君父的至上權威。這時候大家所嚮往的，是像西方

社會似的以父母子女為單位的小家庭生活。事實上，這種小家庭制度在西方正是為配合資本主義的經濟制度而產生的。中國大家庭制度的破滅，也說明了中國的經濟制度自十九世紀，或者更早一點，已朝著資本主義道路發展的這一事實。如果說這種社會經濟的整體變革是一種客觀的事實，那麼中國共產黨人的主觀願望是否能夠或已經改變了這一事實？二十年來的實證說明了非但沒有改變，而這一事實卻正澎湃地繼續向前推進著。那些企圖以螳臂當車的狂想家，最後也不過像狂流中的一隻小螞蟻似的被沖得無踪無影罷了。為甚麼說這一事實沒有改變呢？這是中國共產黨二十年來的施政告訴了我們。共產黨本來應該實行共產制度的，可是他們自認他們實行的並不是共產制度。雖然他們不敢也不肯承認共產制度為一「烏托邦」，但至少他們已自覺地認識到共產制度為一高遠的理想，不是幾十年甚或幾個世紀可以實現的。他們稱他們目前所實行的是社會主義，也就是說達到共產社會的一個過渡時期。但是中共所實行的社會主義，也並不是西方社會主義理論家或社會主義黨人所稱的「社會主義」。中共的「社會主義」自有他自己的一套內容。這就是以毛澤東思想統馭一切的在政治上實行集中制、在經濟上實行國家資本主義的一種社會主義。雖然中國共產黨人絕口不提「國家資本主義」這一名詞，但實際上勞方和資方的關係，只是由工人跟資本家的關係轉變為工人跟國家的關係而已。如果說得詳細一點，在資本主義社會中，工人自己不擁有資本，也沒有生產工具；在中共的社會主義社會中也是一樣。在資本主義社會中，工人只靠工資生活，盈餘價值為資本家所吸取；在中共的社會主義社會中，工人也是只靠工資生活，盈餘價值為國家所吸取。在資本主義社會中，工人不得干

預生產計劃及行政；在中共的社會主義社會中，雖口頭上叫「工人階級領導一切」，實際上也是跟資本主義社會中的工人一樣。所不同的只是在資本主義社會中的工人有組織工會和罷工的自由，在中共的社會主義的社會中的工人卻沒有。綜合這幾項基本的條件看來，中共所實行的經濟制度，不管口頭上呼之為「鹿」也好，呼之為「馬」也好，實質上不是「國家資本主義」或「黨資本主義」又是甚麼呢？既是國家資本主義或黨資本主義，就不能否認在經濟制度上是屬於資本主義的一種（政治制度儘管不同）。既是屬於資本制度的一種。那麼在社會組織上，西方的小家庭制度還是易於與之配合的。如果在以血統為本位的大家庭制度甫行破滅，國家資本主義施行不久的社會基礎上再來建立另一種形態的集體制，那不但沒有客觀的社會條件，又怎麼能適應人民的道德、倫理以及心理的種種要求呢？

其次再談到推行的方式問題。中國共產黨人推行「集體制」是一方面施行思想改造培養新的社會觀念，另一方面強制執行。

先說思想改造。過去中國共產黨人是以馬克思、列寧主義為思想改造的基礎，現在乾脆只以毛澤東思想為準繩了。馬克思、列寧的理論是否能為中國人，特別是中國的農工大眾所接受，而且立刻接受立刻便立竿見影地反映到生活行動中來，本就是一大疑問，現在既然連中國共產黨人也略而不言了，我們自然用不著再來談它。那麼就只論毛澤東思想吧！毛澤東之為一偉大的策略家是不可諱言的。如果說毛澤東是一個思想家，或哲學家，恐怕連毛氏本人也不免惶惶然吧！（現在成了習慣，恐怕早已不惶惶然了。）就拿毛澤東最基本的理論「實踐論」跟「矛盾

論」來說，仍然不出策略的範疇。毛澤東的言論及行動所以常常充滿了矛盾，也正是因時制宜的策略家的本色。毛澤東根本並沒有建立起一套思想體系。如果我們問毛澤東的本體論是什麼？宇宙觀是什麼？道德觀、倫理觀等等都是什麼？那是等於問道於盲的！這樣的思想做為一時的施政方針，尚不免發生問題，又怎麼能夠做為人人思想改造的指標呢？所以說中國共產黨人所加於中國人民的思想改造，若做為一種懲罰罪人的苦刑來看，倒確是實實在在的；如做為一種培養新的社會觀念的正當手段來看，那是徹底失敗了。那些從中國大陸逃亡出來的年輕人之所以能跟西方資本主義社會的思想觀念一拍即合者，說明了他們的思想事實上根本沒有發生甚麼巨大的變化。

思想改造既不能成功，要實行「集體制」，就只有出之於強制執行一途了。先說中國共產黨人在邊荒地區利用在役或退役軍人所辦的國營農場。這種農場生產力是不錯的，農民過的也是集體生活。因為正是或本是軍人，施行軍事管理是沒有多大問題的；但問題是軍管的集體生活既不能擴大，也不能持久。所謂不能擴大，因為事實上要做到全國皆兵，不管是否應當如此，在技術上也不是一蹴可成的。所謂不能持久者，這些軍農的婚姻問題怎樣解決？如果允許每個軍農各自成家，目前的集體生活就等於無形中解體。要是堅決要他們在農場中打光棍，那如不是幹一個時期終究得允其退出農場到別處成家，就只有強制他們過一輩子工蜂工蟻的生活。這樣的手段不但極不人道，事實上也絕不可能擴展到全國，形成一種普遍的制度。所以說這種集體生活，只能算短期的服役性質，而不能視之為一種社會性的集體制。能夠算做社會性的集體制的，就只有人民公社這一制度了。然而人民公

社只是毛澤東的一大狂想，實際上人民公社既沒有充實的內容，也沒有逐步推行的計劃，只是毛氏一朝心血來潮要建立人民公社，不上幾個月，全國各省嘩啦啦流水般都有了公社組織。這樣的公社自然只是虛有其名，事實上人民過的還是過去村鎮般的家庭生活。大家工作掙工分，然後回到自己家裏吃飯、睡覺、生孩子。自然也有些公社辦了公共食堂、托兒所、養老院一類的組織，可是這些組織不能算是集體制。要說是集體制，那麼在西方的資本主義國家中，不但辦得比中共早，而且辦得比中共更多更完善。如此，他們豈不已經早已成了集體制的了麼？可能中國共產黨人也曾嘗試過打破小家庭觀念及一夫一妻制，譬如說強制夫妻分地工作。人人住大宿舍過團體生活。可是因為中國的社會發展還沒有這種條件，中國人還不曾嘗到一夫一妻制的小家庭的美味，馬上就要共產共妻，那是萬萬做不到的。

要想實行集體制度，首先必得解決的問題，是財產私有觀念和一夫一妻制度。如想摧毀，或至少改革這兩個進入集體制度的大障礙，那不但得先有適應的社會條件，且須有倫理、心理上的充分準備。否則，只靠著以毛澤東思想為主導的思想改造和強制執行，終究不過等於強把散沙捏饅頭而已。所以說中共的「集體制」，只是個有名無實在暴力下產生的怪物。那麼，未來，也許是遙遠的未來，在我們生活的這個地球上，有沒有「集體制」的可能性呢？回答是不但有這種可能性，而且有些大勢若趨的樣子。只可惜這集體制的萌芽，並不發生在社會主義的國家，卻又偏偏發生在資本主義的國家裏。

資本主義制度下的社會現狀

在談到這種「集體制」的萌芽之前，先來說說目前資本主義社會的組織。（其實社會主義的社會，除了政權及生產方式外，根本的社會組織並沒有多大差別。）資本主義的社會以小家庭為單位。家庭中的成員，包括夫、妻和未成年的子女。子女一旦成年，都要另組小家庭，另成一單位。所有的社會法則規程，都是建立在這一個基礎上的。譬如說，以二十歲為成年，那麼一個人到了二十歲，在社會上才有自主權，在政治上才有選舉權。二十歲以前得受父母的保護，同時也得聽命於父母。未成年不必納稅，社會保險也是兼及未成年的子女，而不能兼及已成年的子女。年老的父母，大多半是退休獨居，也有極少數依靠兒女的，也有部分進養老院過集體生活的。但這只是極少數，又是一生中短短的幾年，可以略而不論。未成年的子女固然也有住校過團體生活的，但一到寒暑假，都回到家裏跟自己的父母團聚。將來一成年，勢必都要找到自己的對象，成立一個新的家庭。一個人的一生，大多半是在小家庭中度過的。所以像這樣的一個社會，我們只能稱之謂「小家庭制」，而非「集體制」。這樣的「小家庭社會制度」反映到人的意識行為上來，就是個人主義及私有權。個人主義並不是說只有個人沒有團體，而是先有個人後有團體，先照顧個人的利益後照顧團體的利益。（後照顧並不是不照顧，也不一定意味著少照顧。）私有權也並不是只有私產沒有公產，而是說公產得建立在私產的基礎上。譬如居住的房子是私人的。醫院、學校、會議廳、公園等則可以是公眾的。但總而言之，在

這樣的一個社會中，一個人是為自己的成就及利益而奮鬥的。一個為自己的成就及利益而奮鬥的人，不但被視為合法，而且受人的尊重。一個人的榮譽及利潤，一般只分享到配偶及未成年的子女，充其量兼及父母及已成年的子女。但至此而止，這一個圈圈就不再擴大了。一個人的愛心也只能在這一個小圈圈中得到充分的發展。已婚的人只能愛你的配偶，你要是把愛情濫施於配偶以外的人，不但被視之為不合法、不道德，而且進一步可能會引發家庭的破裂。上一代對下一代的愛情，也只有以自己的子女為限。縱使你有視人子為己子的泛愛人之心，（有人主張父母對自己子女的愛情出之於天性或血緣使然。然而在自然界中並沒有這種因果現象的絕對存在。譬如母雞愛護其所孵之雞雛，而不問卵為誰生。這個問題值得進一步考究。）在目前的社會中也沒有這個機會和必要（按照一定手續收養的子女除外）。

然而這樣的一種制度是不是一種理想的制度？在這樣的一種制度之下，人是否就可以獲得充分的發展呢？答案如不是完全否定的，但至少也不是肯定的。其實早在馬克思的時代，人們已經不滿於這樣的一種社會制度。共產主義的理想，不就正是對資本主義和小家庭制度的一種反動嗎？問題只是說，在還沒有找到一種更理想的制度之前，人類只有暫安現狀；否則如亂事更章，流弊必將百倍。近幾十年來社會主義國家中所做的專斷的改革，已經給了我們明證。

暫安現狀，並不是說社會的發展就停滯不進，也並不是說人類就停止對發現另一種更理想的制度的摸索和試探；只是說對這樣大規模的社會改革，一方面須順社會發展的自然趨勢，一方面須小心從事，不必製造無謂的犧牲。事實上，人也得在不斷的

摸索，不斷的試探中認識自己和認識環境。沒有一個人是絕對的先知先覺，可以專斷地臆製一個萬世不變的藍圖。因此在暫安現狀中，人們一面可以保持對繼續探測另一種更理想的社會制度的自由和可能，一方面也可以進一步體驗目前這種社會制度的缺陷到底有多深多遠。

在資本主義發展到今天這個階段的時候，種種社會問題不可否認地變得既頻繁又尖銳。我們拋開純依附於經濟範疇的勞資問題不談，只就我們的基本社會組織著眼，現在的小家庭制度則似乎愈來愈不能適應人類的生存要求了。先說私有財產權是不是有絕對的必要呢？在前幾十年的答案可能是肯定的，現在大家則都不能不表示懷疑了。其次這個以配偶、子女、父母為限的小圈圈是不是適宜於人類進一步的發展？對這個問題，恐怕不但是主張博愛的宗教家不願首肯，就是一般人也不能不發生種種的疑問。我們拿實在的社會現象為例，一個人一生中最重要的一件大事，就是選擇一個終身的配偶，組織起一個做為現社會基礎的小家庭。然而這種選擇是不是絕對自由和明智的？事實證明，倒是盲目湊合的佔了大多數。那麼這種小家庭是不是幸福美滿的？答案是：不用說盲目湊合的常常會釀成悲劇，就是自由和明智的結合，也並不一定就是幸福美滿的保障。小說裏的偉大愛情只是文學而已；現實裏的愛情則常常不是多麼偉大的。一個男人傾其終生日日夜夜廝守著同一個女人（對女人而言也是一樣），會不會感到乏味？是不是一個人就應該只株守著另一個到死？對這些問題，有兩個值得注意的要點須首先提出：一個是性的問題。據西方社會調查所得的結果是，在合法的配偶之間，久而久之便互相引不起性的刺激，所以雙方發生外遇的比數越來越大。那些沒有

外遇的，不是由於性萎縮，就是由於一種極強的道德感的束縛（要知道在目前的社會中，對於一個已婚的人發生外遇，還是認為是不道德的）。這種外遇的結果，不是導致離異，就是造成夫妻同床而異夢。第二是人格發展的問題。如果兩個人的個性向同一個方向發展，就有成為一對對外界全不發生興趣而將兩人在群體中孤立起來的比目魚的危險。如果兩個人的個性向相反的方向發展，那又勢將形成背道而馳、齟齬叢生的冤家。再說小家庭這個「家」字，有時候固然可以是一個溫暖的香巢，有時候也可能是一個可怕的牢籠。想想看，在目前的資本主義的工業社會中，每個人的工作都很緊張繁忙，如果夫妻兩人都工作，下班以後就是忙著做飯、吃飯、洗盤子、睡覺。偶有一點空暇，不是坐下來看看電視，就是賽跑似地去看一場電影。同住在一所房子裏的鄰居對面不相識；實際上也沒有去結識鄰居的時間和機會。自己的親戚、朋友又多半不在附近，一年半載也見不到一次面。如果生了孩子，不是寄在托兒所，就是做母親的得犧牲自己的工作，把全部時間貢獻給自己的孩子。只有假期才可以鬆一口氣，然而也是急急忙忙地跑到人擠人的海濱、急急忙忙地跳水、急急忙忙地游泳、急急忙忙地曬太陽（曬太陽本不應該急急忙忙的，但是得把握時間，如果時間不夠，曬不成古銅色，便覺得假期虛度了），然後又急急忙忙地回家，上班，又是一樣的生活。人的一生被一個家字拴得死死的，生活簡直像一部機器；同時人也變得眼光越來越短淺，越來越自私。所以這一代的青年常常視結婚為畏途。而在有些國家中離婚率竟高達百分之三十以上。也就是說在三對已婚的男女中，至少有一對離異，其他的兩對也並非全是美滿的，可能只不過彼此忍受著罷了。結果人不但在社會中是孤

立的，在家庭中有時也相當的孤立。目前經濟社會的發展，更加強了這種趨勢。譬如說工業的發展越來越快，逼得人沒有喘氣的餘地。個人不能選擇自己的居住區，不得不隨著新工業區的建立而轉移；常常不得不與自己所愛的親友分離。分工的進一步的細密，使人一生一世只能注目於極小的一個問題、或活動在極小的一件工作上。這種種的發展都使個人越來越與群體隔絕，唯一的一個執著點就是「家」。若一旦這個家不快活、不幸福的，那人的一生就非常可悲了。這恐怕也就應了共產黨人所常樂道的「個人主義的末路」這一句話了。

看了以上的分析，我們很可以瞭解到，最近幾年來，世界各國青年人風起雲湧的反抗運動並不是無因的。像越戰、種族問題，雖然是些嚴重的課題，然而對於青年人的反抗運動而言，也只能算是些導火線；而真正的主因還是對整個社會制度不滿的問題上。上一代好好歹歹地忍受著這種社會制度，下一代看在眼裏，有的甚至親身遭受了他們父母的不幸的影響，便不甘願再接受這樣的一種社會制度。然而不接受這一種社會制度，又接受甚麼呢？迷惘！這也就是各地的青年反抗運動沒有一個明確的目標的原因。要是現在社會主義集團的社會制度，真正是一種理想的制度，或者說雖不理想，但較勝於資本主義的社會一籌，那麼即使在目前社會主義不能席捲全球，在一、二十年中，不用費一兵一卒，只要資本主義國家的領導換成年輕一代的接班人，就一定會改弦更張附膺於社會主義之下了。還好的是年輕人也並不全是盲目的。他們雖說有些左傾急進，但也不能無視於今日社會主義國家的所做所為。結果只有對現實感到迷惘，而終於常常只知反抗，而不知何所適從。好在這半個世紀中，資本主義社會的發

展，也有與社會主義匯流的傾向。實際上，資本主義國家可能有些措施，比社會主義國家做得更社會主義化。譬如社會保險制度就比社會主義國家的勞工保險做得更普及、更全面。其他像大企業的國有、民眾文娛院、養老院、育幼院、義務教育等的發展，不也是朝著社會主義和集體制度這一方向進展的嗎？因此年輕一代的眼睛，不能無視於這種種的變化。也不能不受這種趨向的影響，有許多前衛派的青年，便開始對集體制度做出種種不同的嘗試。對這種嘗試，上一代人，即使有這種志願，礙於種既成的習慣，也是絕難做到的。這也就是為甚麼青年人才是人類的希望的原因了。

美國的嬉皮

我們先說源於美國的Hippy。Hippy一字據說源於一種印地安語（印地安語種類繁多），可能是一種部落的名稱。中文是音譯的，又故意採用「嬉皮」二字則很容易引起皮相上的誤解。又加以中國人在美國幾個大城，像紐約、舊金山等對嬉皮青年所獲的一點皮相上的印象，那就更容易引起許多誣蔑和嘲笑嬉皮的言論。其實嬉皮消極的一面雖不免流於頹廢與玩世不恭，但他們也自有他們積極的一面。不論其消極還是積極，都是對現社會的不滿，那是無庸諱言的。甚麼是他們積極的一面呢？他們積極的一面就是傾慕於印地安部落的原始生活。他們不止是傾慕而已，而是起而仿效，而身體履行之。據說有些至今仍與外界往來極少的印地安人部落（不知是不是就是叫嬉皮的），仍然保持著原始的集體生活。一個部落之中，人人平等，財產共有，沒有一夫一妻

制，而是雜交的，將來的子女也為部落所共有。所以嬉皮青年也不是個別的，而是群體的，其中有男有女。他們飢則食，渴則飲，高興了就彈琴高歌，想做愛就做愛，跟誰都是一樣，睏了就席地而眠，全不管人間正事。這倒有點像老子所描繪的理想社會。據說也曾有一幫嬉皮，親赴美國與墨西哥交界處一個與外界隔絕的印地安部落，希望參與他們的原始生活。但不幸因膚色的不同、語言的隔膜，為印地安人所逐，沮喪而返。然而他們並不氣餒，雖不能直接參與印地安人的原始集體生活，他們自己仍然過著半原始的集體生活，到處流浪，全不問人間煩心事，倒也逍遙自在。像這種嘗試，如不是青年，成年人怎麼能夠做得到呢？不幸他們一意傾向原始、一意復古，是很難為其他的現代人所接受的。所以他們所得的只有嘲笑和鄙夷，人們完全忽略了他們追求一種新生活和開創一種新生活的勇氣這一點了。

丹麥的集體組織

其次特別值得我們注意的，是發生於北歐各國的集體制度運動。特別是丹麥，在短短的一年間，已經出現了五十多個內容不盡相同的集體組織。這裏所根據的材料是發表於法國著名的週刊《新觀察者》（*Le Nouvel Observateur*）第二五一期的一篇實地調查報導。

報導說，自今年初起，在丹麥的京城哥本哈根，差不多每個月就有兩個集體組織誕生。現在試舉其中的一個為例。這個集體組織在距哥本哈根三十公里一個叫做卡那（Kana）的小村裏。組織中共有十五個成員，八男七女，都是二十歲到三十歲之間的

青年。年紀最大的依乃絲是一個女教師，她離婚以後和她八歲的兒子尼茲和六歲的女兒愛札一同參加了這個集體組織。艾雷克最年輕，只有二十一歲，還在大學裏唸社會學。他本來跟一個二十三歲的空中小姐同居，後來一同參加了組織。組織中的成員是在哥本哈根大學認識的；其中有幾個現在還沒有畢業。由於政見的相近（他們都是比較左傾的青年），友情，有時候是愛情，使他們漸漸結成一個一天親密似一天的團體。他們之中有的結成了傳統式的夫妻，也有的舉行過傳統式的婚禮，不過團體並沒有因此而解體。每晚他們都在他們之中任一家兩間房的寓所裏聚會到很遲。「每晚我們都盡量耽延分手的時間」，享利克（一個二十六歲的學人類學的）解釋說：「以免與自己的愛人或妻子獨守在一起。冬天的時候，得冒著嚴寒回家，同時我們每人都得面對著一大堆柴米油鹽的家事，還有免不了的一些吃醋捻酸。這時候丹麥正在大談集體制度，也已經創立了好幾個集體組織。去年夏天，我們向前邁了一大步，決定集體地結合起來。」

享利克所說的丹麥正在大談集體制度是怎麼發生的呢？原來是由一個叫做勃惹德・塞爾當（Bjord Selden）的年輕企業家首先發起的。勃惹德今年已經三十歲，是一家小型女內衣製造廠的股東兼經理。廠是他二十三歲時創辦的，現在竟一天天發達起來。他同時致力於家庭制度改造的研究。這個商人留著長頭髮，穿著塗滿了各種顏色的牛仔褲，活像一個嬉皮。後來他得到哥本哈根一家通俗報紙的記者的合作，在報上登了一條向青年的建議，聲言凡對創立集體制有興趣的青年，請跟他取得聯繫。消息一發，立刻接到三十多個人的響應。自然首先得取消那些只抱著過雜交生活的應徵者。對其餘的，得先經過一次對他們參加集體

組織動機的詳密的考查，然後再經過無數次毫無保留的討論研究，最後才創辦了第一個集體組織。

現在我們再回到我們舉以為例的卡那集體組織上來。從他們去年夏天決定創辦集體組織，到他們今年正月成立集體組織，中間拖延了半年之久。其間他們經過了不知多少次無休無止的熱烈討論，最後路斯（一個二十九歲的社會學者）才堅決地下了結論：「要是我們今天辦不到，那就永遠別想辦得到。第一個問題，得先找到一所大房子，得快！」於是十五個人，還有他們的朋友，開始奔走於哥本哈根及其郊區的房產經紀人之間。第四天竟僥倖地碰到一筆好生意：一所三十個房間外加個方澡房的大房子。整個房子佔地七百方公尺，另外還有一個四千方公尺的大花園，及一塊四公畝可資耕種的土地。房價一共是四十萬丹幣，得先付八萬，其他分期付清。這樣每人得先付五千多塊。他們之中大多數都可以立時拿出或想辦法得到這筆錢。實在拿不出來的，由其中較富裕的暫墊，言明於一年內清還。享利克把錢收齊，交給公證人。這時他心跳的速度，大概跟阿姆斯壯抵達月球時的差不多一樣。不想在房產過手，簽字的時候卻發生了問題。公證人問他們到底誰是新房主，他們回答說十五個人都是。公證人急道：「你們誤會了我的意思。我不是問誰去住房子，我是問誰是財產所有者，誰在合同上簽字。」他們立刻答道：「十五個人一塊兒簽字，要是孩子也可以簽的話，我們還有四個。」公證人發了火，他想這簡直是尋開心嘛！這些人有錢，可不懂怎麼買房子。他覺得其中定有可疑之處，因為按照民法規定，一所房子的所有權人不能超過五個人；事實上連五個人一塊兒買房子的事也並不常見。公證人於是把合同收回，說是得再徵詢房主的意見，

不知在這種情形下他是否還肯賣給他們。後來事情總算調解開，隨便從十五個人中抓出五個來簽了字。這五個人又另外起一個文件，承認其他十個人的財產所有權。財產所有權雖說實際上是集體的，但如有糾紛，丹麥法院恐怕只會承認那五個在正式合同上簽字的人的財產所有權。

另外有一個稱做「O公社」的集體組織。創辦在哥本哈根的市中心，一定堅持要集體購買房產，並請了一個律師代為向法院辯護。這位律師跑遍了法院的各級組織。想找出一條適當的法律根據，或者促使創制一條，結果所得到的答覆是：「我們不能接受這種型式的家庭，也不能接受集體財產權。這些人是不懂道德為何物的，真不敢想他們要把我們領到何處去！」

卡那集體組織在地方上也發生過一點小波折。原來卡那的村長聽說要在卡那村裏建立這樣的一個集體組織，不免擔起憂來，呈文上級想予以阻止。幸而未得獲准，這個集體組織才得順利建立起來。現在組織中的成員跟本地居民的關係處得非常好，別人只當這是一個大家庭看待。

他們十五個成員跟四個孩子，每人都有自己的臥房。其中本來有三對夫婦，也並沒有選取相鄰的房間。只有艾雷克跟他的愛人堅持要兩間緊鄰的臥房，並且堅持要在間隔的牆上打一個通道。其他的人都不贊同，但為了使他們不致太難過起見，還是照辦了。誰知幾個月之後，他們兩人竟自動地要把打開的通道再填起來，以便像別的成員一樣各自有各自的房間。實在說，其中的夫妻也已逐漸地無形中溶解在集體的生活中了。在這一個大家庭中，人與人的關係都是一樣的，再沒有各別的夫妻關係了。

至於集體的財政問題如何處理呢？因為人們習慣了以父親賺錢兒女花用的小家庭經濟方式，因此這種新家庭中的財政問題常常是一個不易解決的課題。以卡那集體組織為例，他們是採用平均分攤的方式。每個成年人每月交給集體兩百五十元丹幣付剩餘的房價，兩百五十元購買食物及日用品，一百元交通費。（他們買了一部汽車，每天輪流送大家上班上學。）小孩子們則由集體負擔。一個人每月不過一共出六百丹幣。用這個數目獨自過活，那是相當拮据的；但湊在一起集體開支，就立刻闊綽起來。一個大冰箱盛滿了蔬菜、肉類和奶製品，其他各種現代設備一應俱全。食物若是大批購買比零購要便宜三分之一，日用品像廚房的用具、家具、冰箱、電視、吸塵器等，如要各別購買十幾小套，也不知要比購買一大套貴出多少倍。說到採購，不管是誰，只要對別的人關照一聲，就可以去辦。支票也是集體的，十五個人中不論誰都可以簽字。做飯則採取輪流制，每天由一人做飯，一人洗碗碟。清潔的維持呢，則每人負責清掃自己的房間，一星期來一次集體大掃除。這時他們就大放音樂，一面跳舞，一面高歌，把大掃除弄成個節日的樣子，使大家不覺得這是件苦事。孩子的問題則比在小家庭中簡單得多了。卡那集體組織中有四個孩子，平常在一起玩、一起上學，像一個家庭中的兄弟姐妹一樣。放學回來，要是他們的媽媽不在家也不要緊，在這個大家庭中總有一兩個人在家照顧他們。要是他們的媽媽出外旅行也全不成問題，大家對四個孩子都像對自己的孩子一樣看待。對小孩子而言，好像同時有八個爸爸、七個媽媽一樣。所以在集體中的女人，不但不再害怕生孩子，反倒希望生孩子了。至於日常的問題，不論大小都在每星期的例會上討論解決。這種例會小孩子也可以參加，提出他們的小意見。

各種類型的集體組織

　　以上所舉只是最近在丹麥成立的集體組織中的一個。別的集體組織各有各的不同的內容和規章。事實上像這種新事物，自然還沒有一定的章法，也不必需要一定的章法，集體組織的成員願意把它弄成個甚麼模樣就是個甚麼模樣。

　　譬如說另一個集體組織「O公社」，由三對夫妻組成，每個成員都有一間自己的房間，但到了夜間大家得睡在同一個大臥房裏。這間大臥房的全部面積就是一張大床，床的周圍架一層較高的木板為桌子。夜裏願意睡覺的睡覺，願意發生性關係的發生性關係，各聽其便。他們把這種集體睡覺看作是一種紀律。對這點外人一定覺得很奇怪，其實他們最大的目的，是利用這種習慣打破一夫一妻的傳統成習，克服把配偶視作私有財產的佔有慾。所以在他們的規章上白紙黑字地寫著以下的話：「要是我們不習慣看見我們的朋友跟我們的妻子睡覺，要是我們在這時老感覺我們的所有權被人剝奪了，我們就算不得一個成年人！」

　　也有的集體組織暫時不打破一夫一妻的制度，只是把目前的小家庭納入一個大家庭之中。例如一個叫做皮特‧哈斯密森（Peter Rasmussen）的建築師所設計的就是這一種。他約集了幾個合得來的好朋友（都是已婚而且都本來準備自己購買或建築小家庭式的房屋），均資購買地皮，建築一種集體的房舍。均資的方式以收入為比例，錢多的多出一點，錢少的少出一點。他的設計著重三個要點：個人的自由自主（每人有每人的房間），保留小家庭的單位（每個小家庭的成員的房間自成一個單位、且附帶一個小廚

房），集體活動（聚餐、共同看護兒童、集體度假、運動及做各種文化活動）。房子採取平房式的，每個小家庭單位，一邊通向集體活動的場所，一邊通向花園，做為孩子們出入的通道。房子的外殼用鋼骨水泥，裏面則採用一種輕便的材料做為牆壁，以俾大家庭的成員發生變化可以隨時重新隔離房間（預計一刻鐘的時間即可完成）。其中最大的小家庭單位（八口之家）佔地二百四十方公尺，最小的單位（一人或兩人的）佔地六十二方公尺，公共飯廳、廚房、洗衣處所，兒童保養室在外。這個面積比起目前各自孤立的小家庭來，不知大了多少倍。兒童保養室和幼兒院並不限於大家庭中的兒童，也對附近的鄰人開放，以便不致再形成一個大型的孤立，並且可以接受政府的援助。另外還要建築一個成人游泳池跟一個兒童游泳池。集體的大客廳佔地三百十二方公尺，且分作好幾層，以便同時保留幾個可以做親密交談的角落。地下室中則是洗衣、熨衣、體操、土耳其浴的處所，還有一個燒瓷器的爐子。

不過這個集體組織還正在設計的階段。以目前的道德、倫理、心理觀念而言，這可能是較為適宜於擴大推行的一種，所以皮特正在跟對此有興趣的銀行家商談。要是這第一個嘗試獲得成功的話，他們準備出資建立無數個同類的集體組織。

除了上述的一般集體組織外，也有老年人的集體組織。有些老年人不願過獨居的生活，又不願到養老院裏去，他們就集合起一夥氣味相投的老友組織一個大家庭。這樣他們不但可以置辦得起一所漂亮的房子，雇得起佣人，最重要的是不再寂寞。這種老年人的集體組織遠比公家辦的養老院優越，可能是相當理想的一種類型；但由於老年人的性和活力衰退的緣故，這種組織並不多見。一般的集體組織還是以年輕人為主。

集體組織的成員談建立集體組織的原因

第一個發起組織集體組織的青年企業家勃惹德・塞爾當的意見：

「在我們今日文明中的小家庭，一對青年夫婦一生孩子，生活中的難題就來了。我們沒有老祖母在家裏看孩子，晚上下班以後是完全無法出門的。老朋友漸漸疏遠，新朋友簡直無法得到，人變得不懂如何消遣。要是一個人看上了他朋友的妻子，也只能偷偷摸摸地私會。你想一個年輕人明知注定了這種命運，會高高興興地接受它嗎？年輕人愈來愈不願意生孩子，對整個社會而言，這是值得擔心的。目前出生率已經大為衰退（按法國從一九六四年到一九六七年出生率一年比一年低），離婚率卻越來越高。在哥本哈根三對夫婦中就有一對是離異的。很明顯的，小家庭制度已不應該是給予青年人的唯一的一種可能。再說對年輕人而言，性本能是較為發達的。這種本能越強，就愈有對大家庭的需要。在一對青年夫婦間，過了一個相當的時間，彼此的性的吸引逐漸減低，便很難再能滿足彼此的性要求，特別是在這種年齡性要求強得厲害的時候。（按：我國過去已婚男子的嫖妓、納妾與此大有關係，不過那時沒有人注意女人的性要求罷了。）這就是促成了離異的主因之一。在一個集體的大家庭中，除了夫妻之外，還有其他的對手；一個人可以——差不多是一定會發生的——跟自己的夫或妻以外的人發生性關係。這並不是說集體中的每個女人必得跟每個男人都睡過覺，當然每個人都可以按照自己的意願來做；然而實際上到了最後，普遍的性關係是免不了的。」

建築設計師皮特・哈斯密森的意見：

「在目前的制度下，相識跟相愛的人並不住在一起；住在一起的人既不相識也不相愛，這是不合理的。最近幾十年的都市是在混亂的情形下發展的。從前的村鎮都是由大家庭組成，人人都相識。不久以前在都市裏還有從老祖母到曾孫子的大家庭存在，也曾有著一定的居住區。今天一個都市成了一架大機器，人跟人只有機械的依附關係。一個人跟另一個人的相遇，簡直差不多跟機器上兩個螺絲釘的相遇一樣的不可能。這種制度是不人道的。」

另一個集體主義者的意見：

「到十九世紀為止，一個人的生存條件，像教育、職業、老婆、信仰、居處、家庭都是限定了的。今天我們可以選擇我們的職業、我們的都市、我們的觀念、我們的老婆，我們拒絕別人硬派給我們的一個家庭。現在的問題是要我們自己來選擇我們家庭的成員，要在自由的原則下重建已失去的人情味。」

卡那集體組織的一個成員的意見：

「試想一個國家的所有女人——常常連男人也包括在內——每天在同一的時間進入廚房，做著同一樣的工作：把馬鈴薯丟進煎鍋裏，只不過是為了兩個人食用，世間還有比這更蠢的事嗎？一樣的手續，一個人可以做出夠二十個人吃的馬鈴薯，其他的十九個人都可以從這種工作中解放出來。」

幾乎所有集體組織的成員都認為，生活在一個集體的大家庭中，他們更容易對抗社會上的種種侵害。商業廣告易於誘惑一個個人，卻不易於誘惑一個群體。政治宣傳也不容易打入一個集體組織中。一個人的弱點，經過在大家庭中的彼此討論，也就很難為人所利用了。

集體組織中所遭遇的最大問題

在集體組織中，經濟的分擔跟勞動的分配還不是最大的問題，因為這種問題只要有一種人人可以接受、人人可以遵守的合理的安排，是可以解決的。最難以解決的大問題是人的嫉妒心。嫉妒，自然源自人的自私佔有慾，它不過是其中較強較複雜的一種罷了。

集體組織中的成員既然都是些青年男女，青年人的情感是熱烈的，性的要求也是很強的，不用說那些夫妻界線不明的集體組織，就是在仍保留小家庭單位的集體組織中，由於男女接觸的頻繁，性關係的不能專一將是一件不可避免的事。今日的青年既然都是在一夫一妻制的小家庭中長大的，把配偶視作私有的觀念，當然也是根深柢固的。就算在理智上可以解除這種觀念的束縛，但這種積習說不定哪時哪刻在無意識中就會發作起來；因而嫉妒對集體組織仍然形成最大的破壞作用。好在那些在丹麥組織集體組織的青年，都首先注意到這個問題，在組織以前都對這個問題進行過熱烈的討論，並事先擬訂出些為一個組織中的成員可以共同接受的章程。雖然如此，因嫉妒而起的糾紛仍然可能發生。不過他們好像都有克服這一個難關的信心。他們把嫉妒看成一種疾病，疾病是可以慢慢治療而終有一天會痊癒的。他們認為過去嫉妒簡直是一種無藥可醫的癌症，今日不過是風濕性關節炎，到了明日也許只是傷風感冒而已了。

然而嫉妒既然只是最基本的人的自私佔有慾的一種表現，縱使這種男女間的嫉妒有一天可以消弭無蹤，但人的佔有慾是否

可以根本鏟除呢？這是一大疑問！目前把人的佔有慾看作是不可變更的人的本性，或者看作是一種可以隨環境而演化的社會習性，都是理論式推測式的紙上談兵。這一點，恐怕只有等待在人類的大實驗室中的社會發展來證實了。

集體組織的趨向

不論哪種類型的集體組織，其基本趨向是大致相同或相似的。第一是打破目前的小家庭組織，把逐漸孤立起來的個人再放回到群體中去。第二是試驗打破一夫一妻的可能性，恢復到人類的發展史中曾經經歷過的一個階段：群婚制度。如果一夫一妻制也只不過是人類發展過程中的一種類型，那麼進化到另一種面貌而具有一種新內涵的「群婚制」，便不是沒有可能的。然而歷史是不會重演的，這種「新群婚制」一定不同於歷史上的「群婚制」。第三是以人的自由結合為原則，集合起一群彼此有情感基礎及相互愛悅的人來組織集體，而不是因經濟或政治的原因的強行結合。第四是集體的組織將來不但是同居而已，更可以達到共同工作的目的。譬如有一個集體組織自製了一套輕便的椅子，因為又舒服又價廉，組織中的成員已經設想大批製做賣到市場上去。第五是組織集體的成員既然都是政見大致一致的人，將來一個集體組織也不是沒有可能同時兼作一個政治性的單位。然後由政見相近的集體組織再聯合成政黨的組織，最後產生一個真正由下而上的民主政府。不過這是遠景，目前已成立的集體組織多不願意兼顧政治問題。第六是在集體組織中，毫無疑問的，一個人花在衣食住行等家務雜事上的勞力跟時間多半被解放出來。那麼

多出來的餘暇，一方面可以增加生產，一方面也可以多從事文化和科學研究的活動。譬如說有些成立較久的集體組織，因為房產的價款已經付清或快要付清，財力就更為富裕，成員又多有餘暇，於是就建立起自己的圖書館，理化實驗室、照像沖洗室、電影放映室、繪畫製圖室等種種有益身心、且可促進人類進步的文化性設備。這在一個中產以下的小家庭中是絕對難以實現的。

結論

如果這種樣式的集體組織日漸擴大的話，勢將會引起一次社會的大變革。最起碼目前的婚姻法、私有財產法、繼承法等都會變成不能適應的東西。其次道德觀念、倫理觀念也會轉化成另外一種典型。

對這種新情勢歧視是沒有用的。昔日的衛道者曾咒罵共產黨人為亂倫敗俗的洪水猛獸，並沒有阻止住共產黨人攫奪政權。今日的衛道者又視嬉皮少年為亂倫敗俗的怪物，但焉知今日的嬉皮少年不正是明日社會的先驅者呢？不但不應歧視，漠視也是不應該的。對有價值的新事物，我們都應該予以密切的注意與研究。在丹麥已經有不少年輕的學者決定把一生的精力貢獻在研究家庭制度的改革上。丹麥的集體組織所以能引起世人的注目，還不就是首先引起了美法英德意等國的青年學者的注意與調查的緣故。他們都慎重其事地面對著這種新嘗試，不但予以考查研究，且廣為報導，以便引起世人廣泛的注意。這才是針對新事物的一種正當的態度。

社會的進展固然有時靠了人力的推動，但主要的還是隨了自然的法則而不是人盡可以為力的。我們今日的社會科學雖說已

經相當發達，但距完全掌握住社會發展的自然法則的路程恐怕還有很遠。共產黨人以前說馬克思已經掌握到這些法則，所以馬克思的話就是真理。真有這回事嗎？如果真有的話，今天就不會出現所謂的「修正主義」了。今日中國大陸又視毛澤東的話為真理，可以預料的，毛澤東的那些言論的持久性，要是能趕上馬克思的千百分之一。已經是萬幸萬幸了。既然我們還無法掌握住社會發展的某些自然法則，就只好不能不聽其自然。要是強用政治力量予以扼止，或予以強制推行，都會對社會發生不良的扭曲現象，到頭來吃苦的還是人類自己。社會的自然進展常常是適應某些新形勢的「不得不然」。像丹麥這些集體組織的出現，多半就是這種不得不然的結果。我覺得這種集體組織的發展，對我們的社會是只有好處沒有壞處的。先不用論這些集體組織是否就真正是我們未來社會的縮影，但至少至少會帶給我們的子孫多一種選擇他們自願的生活方式的機會；不會再像我們這一代，不管是否甘願，大家都得必經找對象、結婚、生子，然後孤立在四堵牆的小家庭裏直至老死這條唯一的道路。這也並不是說在目前的環境中，集體組織一定勝於以夫妻子女為本位的小家庭組織，只是說要是有人不願接受小家庭的生活時，仍然會找到其他可能的生活方式而已。

　　說到中共的「集體制」，前面已經予以分析，雖有集體之名，尚無集體之實；其根源在於中國的社會尚未給「集體制」造成條件。那麼西方的資本主義社會是否就已具備了建立集體制的條件呢？自然也沒有十分具備；只是比起中共來，條件要強出一籌。第一、西方國家的資本主義已經發展到爛熟，有些國家早已採用了社會主義的某些方針；且社會主義的思潮在西方發展得更為順利。（中共則因為政策的不同，往往會造成人民對社會主義

的誤解，結果人民不一定甘心接受所謂的社會主義。）這給走向集體制度鋪下了較為平坦的道路。第二、社會制度常常得適應經濟制度。要是經濟制度發展到某一階段，呈現出它的缺憾時，社會制度也會受到一定的影響。目前資本主義制度的陰影早已籠罩在小家庭制度上。相反的，雖然目前小家庭制度尚足以配合資本主義制度，但若不能美滿地適應更基本的人的生存條件時，也會拖著經濟制度一塊兒走上變革的道路。第三、在西方的資本主義的社會裏，人多了一份自主、自發和創造的自由，那麼對於創造新事物來說，一定會跑到沒有這種自由的社會的前頭。所以中共在空喊了二十年的走向集體的道路的今天，還不曾創出一個集體制度的典型來。（不過中共的空喊也許給了西方國家的青年人一些影響。）中共的人民公社比起丹麥的這些集體組織來，無論從組織的方式及成員的意識觀念上來說，都是遠為落後的。如果中國共產黨人仍然不顧客觀的條件，只專斷地堅持用改造思想和強制執行來推行集體制度，恐怕再待幾個世紀，別人已經實現了集體制度的時候，中共還仍然在目前的人民公社上踏步而已。

如果中共真正想實現集體制度，唯一的速成方法，是讓目前的國家資本主義跟小家庭制度發展到爛熟。那時候中國人自然而然地會產生像今日資本主義國家中的人民一樣的心理要求。到了那一日，可說已具備了某些走向集體制度的客觀的社會基礎，同時也有了足夠的心理準備，道德的跟倫理的觀念也早已脫離了封建時代的影響，然後再加以人為的推波助瀾，自然就會是順理成章的事了。

一九六九年九月於墨西哥

原載一九六九年十二月《展望》一八八及一八九期

論工人階級與知識分子

前言

　　工人階級是資本主義社會的產物。工人之所以有意識地自覺為一個階級，則是受了馬克思、恩格斯及其他十九世紀的社會，經濟學者的影響所致。然而馬克思、恩格斯及其他十九世紀的社會、經濟學者卻並不是工人階級。

　　他們是什麼人呢？我們可以說他們是知識分子。知識分子並不能成為一個階級，因為知識分子只是些具有知識的個人，並不直接代表政權或生產資料。所以我們如要分析他們的階級成分，應該探求他們的家庭出身，這就不能不說這些人除了具有知識分子的身分以外，多半都是出身於資產階級的家庭的。由此我們就可以結論說：馬克思、恩格斯，或是其他十九世紀的社會經濟學者差不多都是資產階級的知識分子。在那個時代，世界各國的政權還都掌握在資產階級的手裏，工人階級要想接觸高深的知識，可說萬難，因而工人階級的知識分子是絕無僅有的，有的只是資產階級的知識分子。可怪的是這些資產階級的知識分子卻做了工人階級革命運動的開路先鋒。不但在理論上如此，在實際行動上也是如此。翻開近世的無產階級革命史看看，那些領導工人階級革命建立政權的人，自己並不是工人，而是知識分子——資

產階級的知識分子。領導俄共革命的列寧如此，領導中共革命的毛澤東如此，領導古巴共黨革命的卡斯特羅亦復如此！

為什麼資產階級的知識分子會不顧自身的階級利益，而去為對立的階級服務呢？這不是值得我們研討的一個頗有意思的問題嗎？

知識分子的涵義

何謂知識分子？我們上面說過，知識分子就是具有知識的人。不過「知識」兩字卻並不容易解釋。如要翻開各國的百科全書，我們就會弄得眼花撩亂。所以我們還是先把百科全書上對知識的解釋撂在一邊，僅就我們日常的觀念來看，我們可以粗略地說：知識是人對自然及自身學習與思考的心得實踐。關於自然的，偏重於科學與技術；關於自身的，偏重於哲學、藝術及道德問題。因此知識分子應該是一個或具有科學、技術知識，或具有哲學、藝術、道德問題的認識，或二者兼具的人。籠統的說：就是一個有文化的人，人類進化到今天，就是靠了文化的積累。如我們不能否定人類進化的價值，就不能否定文化；不能否定文化，自然也就不能否定代表文化的知識分子。從歷史上看來，在人力可為的範圍內，是知識分子對人類的進化起著更大的先導作用。因為第一知識可以使知識分子比其他的人更易於看清歷史進展的軌跡，眼光自然易於遠大；第二知識可以使知識分子更易於瞭解到一己在人群中的地位，因此也就容易推己以及人，而心懷悲憫。由以上兩點，就不難回答為什麼資產階級的知識分子不顧自身的階級利益，而去為對立的階級服務的問題了。十九世紀由

於工人階級與資產階級的對立所引起的社會問題，使當時的一些知識分子預見到資本主義的沒落，也看出了人類歷史應走的方向。由於工人階級所受的剝削與壓迫，使當時的一些知識分子得以跳出達爾文弱肉強食的進化論的影響，意識到人間正義的價值。社會主義及共產主義的源頭，就都是發自科學知識與人道主義的。如果人間不曾有科學知識、不曾有人道主義，就不可能產生社會主義與共產主義。今日社會主義與共產主義的某些流派發生了輕視科學知識、否定人道主義的傾向，這只標明了他們的退化與變質，標明了他們已從革命走上了反革命的道路。扭轉這種不良的傾向，應該是今日二十世紀的知識分子的責任！

工人階級的歷史使命

馬克思認為人類的進化乃決定於生產方式而表現於階級鬥爭。他認為生產方式與國家組織一日奠基在階級的差別上，階級鬥爭便一日不會停止，不過他樂觀地預言了當日（十九世紀）工人階級跟資產階級的鬥爭已是階級鬥爭的最後一個階段。只要工人階級掌握了政權跟生產資料，人類便步入了一個沒有階級的社會。

馬克思之所以有這種見解，主要的乃因為他把工人階級看成了一個絕對的先進階級，同時也高估了工人階級的能力。在當時由於工人階級所遭受的殘酷剝削與壓迫，引發了馬克思的悲憫之心，開啟了馬克思思想中理想主義的一面。又由於當時工人階級在資產階級的壓迫下所表現的反抗精神，堅定馬克思認為工人階級必勝的信心。然而馬克思只不過是一個有頭腦，有思想的知

識分子，卻並不是一個有神性的預言者。從馬克思的時代到今天的歷史說明了馬克思的推想並沒有全中肯綮。首先，工人階級勢力最雄厚的工業先進國家中，至今尚不曾發生工人階級革命。工人這個先進的階級，反倒大有跟資產階級全面妥協的趨勢。第二，發生無產階級革命的國家都不是工人階級勢力雄厚的先進工業國。領導革命者，雖掛上工人階級的招牌，實質上卻是資產階級跟小資產階級的知識分子。真正從事武裝鬥爭的，也不是工人的隊伍，而是武裝起來的為馬克思所認為最落後的農民。今日某些社會主義國家，仍然高呼工人階級領導一切，不論從理論上還是實際上說，都是一件很滑稽的事①。由此看來，工人階級的歷史使命似乎並沒有如馬克思所預言的那般偉大。

工人階級的實際地位

工人，就是做工的人，進一步說就是在工廠中從事物質生產的人。（從事文化生產的人，雖然也是生產者，可是我們普通並不稱之謂工人，而把他們歸入知識分子一類；在田地中從事物質生產的人，我們則稱之謂農民。）然而工人階級是否有能力、有可能來自己從事行政上的領導工作呢？

今日的社會，不論在資本主義的國家，還是在社會主義的國家，都是一個分工的社會。主要的原因乃是因為技術愈進步，愈要長久的學習時間始可掌握。一個人不可能同時成為一個一流的原子科學家跟一個一流的鋼琴演奏者。同理，一個人也不可能同時是一個出色的煤礦工人跟一個有作為的國務總理。我們不是說一個煤礦工人絕對沒有成為一個國務總理的可能。可能是有

的，那得首先需要這個煤礦工人放下挖煤的技術，重新學習一個國務總理應有的識能。在他獲得了一個國務總理應有的識能以後，他也不能同時以國務總理的身份兼任煤礦工人，他勢必須在二者之間有所選擇。如果他選擇了國務總理，這時候的他是否仍以煤礦工人自居，是否仍能、仍肯而仍應站在煤礦工人的立場上說話及處理公事，就大成問題。在歷史上有很多這樣的例子。亭長出身的劉邦，登了龍位以後，所代表的不是亭長那一個官吏的階級，而是大資產者大貴族階級。曾經討過飯出過家的朱元璋，做了皇帝以後，也跟無產階級的叫化子、窮和尚脫離了關係。所以說工人階級出身的官吏，並不一定就能代表工人階級的利益乃是顯而易見的事實。工人既不能同時秉政，又不保準工人階級出身的官吏必可代表工人階級的利益，那麼工人何以自處呢？事實上，工人只是社會組成的一個成分。像其他的社會組成分子一樣，工人自當不應為人所剝削、為人所壓迫。（不應受壓迫與剝削，並不就意味著該反其道而行之，去剝削、去壓迫他人。）工人的天職是做工。不做工了，也就不是工人了。所以說工人應有的社會地位乃是從事物質生產。問題的核心乃在工人階級的利益應不應該予以特別保障？及如何才可有效地予以保障？

工人階級的利益問題

工人既是社會組成的一分子，在法理上講，自應跟其他的社會成員享有同等的權利與義務。在一個正常的社會裏，如果一般人權、公民權有所保障，工人階級的利益便沒有特別予以保障的必要。如有此必要，那一定是由於工人階級成了一個被壓迫的

階級；正如所以保障女權，乃由於女人受男人壓迫之故。所以說在今日資本主義的國家中，工人階級的利益尚有特別予以保障的理由，在社會主義國家中，怎會還有特別保障的必要？如事實上仍須把工人階級的利益特別提出予以保障之，那可見在社會主義國家中，工人仍是一個受壓迫的階級。表明了社會主義國家並不曾徹底解決了工人的切身利益問題。

按照馬克思的理論，工人的切身利益問題，只有由工人自己來當政，來掌握生產資料，才可以解決。現在我們來看，馬克思的這番道理，只是一種純理論的假設，即：如果……則……的公式。「如果」既無法實現，「則」以下只有徒成具文。馬克思不曾注意到工人本身是否有當政的識能，及工人當政以後是否會產生質變的現象②。要是實際上難期工人有當政的識能，則政權易為他人所盜竊，工人階級的實際利益仍無法保障。如果工人出身的當政者難保變質，則工人階級的利益自然也只有流於口號而已。

我們看今日各社會主義國家中的當政者，有哪幾個是真正的工人？即使偶有工人出身者，又有哪幾個是尚未變質的工人？不幸，也可以說幸而工人不曾真正當政。如工人真正當政，是否即為社會之福，實難預言！

今日各社會主義國家之所以不曾解決工人之切身利益問題，倒並非在工人不曾真正當政一點，癥結乃在掛羊頭賣狗肉之虛偽政術——即以工人階級之名，行專制獨裁之實。如若社會主義國家中之當政者真正希望解決工人階級之切身利益問題，便該從保障人權與公民權著手。強調工人階級專政，實質上卻是專政工人階級！因為沒有人權與公民權保障的社會，任何人都可以遭受為人置之於罪何患無辭的命運，工人階級也不能例外。人權是

公民權的基礎，二者又是工人階級利益的基礎。捨此欲求工人階級之利益，則如建高閣於流沙之上也。

知識分子之退化現象

今日社會主義國家中的當政者既不是工人，那麼是些什麼人呢？我們可以說大多數仍是知識分子。這些知識分子有的是過去的資產階級或小資產階級出身的，也有少數是工農階級出身的。但自其一成為知識分子，其出身於資產階級或工農階級，都是次要的了。我們以上曾談到知識分子常擔任革命先鋒及推進歷史前進的重要角色，但也並不能因此就說知識分子不會成為保守者、落伍者、反動者及專制者！

問題在是否應該肯定知識之無涯性及知識之新陳相續性。要是我們認為一個人或某幾個人的知識已達到知識的頂點，那我們除了把這個人或這幾個人供奉為神明、為永恆的太陽之外又有什麼別的法子？幸而事實上並沒有這種事。世界上的萬事萬物都在永恆的變動不居之中，知識自然也就沒有極致之可言。真理也不能是一成不變的，換句話說一成不變的一定不是真理。（連上帝都會死亡，遑論其他！）所以說由知識分子自身來封閉知識，或藉工人階級之名，實行對其他知識分子之迫害，無寧說是忘本！也就是說這樣的知識分子已經退化成一群官僚，退化成違反歷史大趨的落伍的反動分子！

不幸，知識分子又是一個社會的必要成分。社會上如沒有知識分子的配合，物質生產者是盲目的；如沒有物質生產者，知識分子也不能獨存。只有彼此的依附與配合，才可以保障社會全

體的福利與歷史的進步。然而如想使知識分子不流於官僚，不流於反動，就得保持對知識的絕對開放，保持知識分子的不斷地新陳代謝，絕不能膠著在一種主義、一種思想上凝滯不前。如要保持知識的絕對開放、保持知識分子的不斷的新陳代謝，則除了實行歸政全民的真正民主政治以外，又有何途？

工人階級與生產者

上節我們談到保障社會的福利，促進歷史的進步，需要知識分子與物質生產者的通力合作，而不是只說與工人階級的通力合作③。因為物質生產者並不僅限於工人階級。西方的工業國家主要的物質生產固然要靠工人（但也並不全靠工人），但像中國、印度這樣的農業國，主要的物質生產者卻並不是工人，而是農民。就是在蘇聯這樣工業已經相當先進的國家，也不能低估了農民的力量。廣義的生產者，則更應該包括所有物質與文化的工作者在內。人畢竟不是只靠物質生活的動物，怎能輕視文化的生產？所以視工人為絕對的先進階級，進而大倡工人階級專政，在馬克思的時代與地域尚無不可，唯時至今日，在更大的地域範圍內，卻是不合時宜的！

事實也已證明，在社會主義的國家內，真正的領導階層並不是工人。真正的工人甚至連組織自己的工會及罷工的權利都沒有。在這樣的現實條件之下，仍大倡工人階級領導一切，是死不更改的教條主義呢？還是故意地欺人欺己？

一個合理的社會，應奠基於不同職業的人共同合作。不管是工人階級、農民階級，還是科學文化工作者，都是對這一個共

同體服務，同時也彼此交相服務著。既然大家都在從事生產與創造，自然應該享有一般的權利，也應該擔負相同的義務。一個階級或一小部分人領導或專政於其他的人，全沒有法理及人道的根據。因此一個社會（或國家），應該屬於組成這個社會（或國家）的全體分子。政權當然也不應只屬於工人階級，而應屬於所有的生產者，也就是屬於全民。也只有在政權屬於全民的保障下，工人階級才能真正施行其政治權力，才可以選舉在國會、議會中為工人階級利益而發言的工人代表。

社會分工合作的意義

工人階級的利益不能於工人階級專政中追求，正如資產階級的利益不能由資產階級專政中追求一樣。各階級的利益只存在於共同的分工合作中。

社會主義學者都認為資產階級遲早會消滅的。但是消滅了資產階級，代之以官僚階級，卻也並非人類之福。那麼理想的社會該是既沒有資產階級，也沒有官僚階級，而是由物質生產者與知識分子（也就是說所有的生產者）組成的一個分工合作沒有階級的社會。

不過問題就在分工合作一語上。怎樣的分工合作才可以不致產生階級的差別呢？如果說工人永遠是工人，永遠在工廠裏做工；農民永遠是農民，永遠在田地裏耕作；而知識分子永遠是知識分子，永遠從事科學研究與文化工作；就算是大家在法理上都享有同等的公民權利，事實上都沒有職業上的平等，不仍然是一種階級的差別嗎？既然我們無法讓一個人同時是工人、農民、知

識子。那麼唯一的辦法似乎只有把馬列主義發展到最高階段的毛澤東所提出的祛除用腦及用手的差別一策。如說毛氏具有遠大的眼光，可能就在這一點上。如果人一日有用腦及用手的差別，便一日無法進入沒有階級的社會。然而取消用腦及用手之差別，卻絕非取消用腦之階級，只存用手之階級。人如不求腦力之發展，乃是重新墮入動物輪之先兆。今日如失之毫釐，來日便會差之千里。

　　為了達到祛除用腦及用手的差別，毛氏採取的方法是知識分子下放，是工人（也許事實上不是工人而是解放軍）進駐學校、進駐政府機關；且不是臨時性的，而是永久性的。這不但有取消用腦階級的危險，也表明了毛氏的好大喜功的個性，恨不得在一日之間造成一個沒有階級的完美的共產社會。殊不知人類用腦及用手的差別，已經相沿了幾千年，哪裏是一日可以改變過來的？這正如今日之社會比之唐虞三代自然是大大的進步了，但如使三代之人立刻住進今日之大廈，坐進今日之汽車，恐並非此人之福。同理，理想的共產主義社會如立時出現在吾人眼前，吾人也勢將難以適應。因此，一個大政治家的工作乃在訂出一套可以把社會朝前推進的制度，而不在自己大力推進之。倘使說毛氏看到了未來的社會該是一個沒有用腦及用手的差別的社會，因而訂出一套合理的下放制度，譬如說如服兵役然，所有的國民不管何等出身，只要是非業工農者，均需在農村或工廠工作兩年，這樣人視之為一種義務，而非一種懲罰，人人皆可樂而為之或勉力為之，如此自是向無階級的社會邁進了一步，卻絕不致引起年輕人的憤懣不平及經濟社會的紊亂現象。不幸的是目前下放不能成為一種合理的制度。也許過一個時期，官僚仍是官僚，而工人仍是工人！

所謂取消用腦及用手的差別，究其極致，也並非在取消社會之分工；不過在使工農也兼有文化④，知識分子也兼識工農的職能，使其在意識型態上及實際的物質待遇上沒有懸殊的差別而已。若說消滅專業的文化工作者卻是一件毫無意義的事。譬如說要要使工農兵來取代詩人、畫家、教師、科學研究者，那麼誰又該來取代工農兵呢？

　　社會的分工合作，可能造成階級的差別，但也並非全無避免鑄造階級的良策。如上所述，要點在看路是怎麼個走法。

未來的知識分子

　　知識分子不管在過去，還是在現在，並不會自成一個階級，無非是附麗於其他的階級而生存，因此知識分子自不是與工人階級或其他的物質生產者對立的一個階級。由於知識分子在歷史上一直起著先導的作用；由於用腦者役人、用手者役於人的傳統觀念，知識分子也常有些自命不凡及自覺高人一等的不良積習。不過在社會上知識分子與工人階級及其他物質生產者實在起著相輔相成的作用。未來的工人階級自當也有些知識，而未來的知識分子也不可全不諳工農之事。我們的教育應該朝著這一個方向前進，於此觀之，中國今日的教育改革的大方針是訂對了，今後的問題只看細節該如何安排。

---

① 中共一面高呼工人階級領導一切，一面又大肆宣揚林彪的以鄉村包圍城市的「人民戰爭勝利萬歲」的高論，預言農村必勝城市。不知在理論上該如何把如此明顯的矛盾統一起來。
② 馬克思雖然對黑格爾的哲學，包括黑格爾的歷史哲學十分有研究，可惜不曾研究過中國的歷史。中國歷史的經驗很可以補馬氏理論之不足。

③ 近世頗有知識分子與工人階級具體攜手合作之事實。此不但見之於近代各國之無產階級革命，亦見之於社會主義國家中之自由運動。一九六八年十一月及次年六月發生於捷克的自由化運動，就是知識分子跟工人階級密切協作的。

④ 據蘇聯中央統計局公佈，一九六九－一九七〇學年末，蘇聯有兩百萬中學畢業生，上一學年數目相同。然而一九六六－一九六七學年及一九六七－一九六八學年卻有兩百五十萬。也就是蘇聯中學畢業生的數目最近兩年非但沒有增加，反倒下降了。按蘇聯在一九四八年至五三年間出生的公民每年約有五百萬左右，其中達到中學畢業程度的已佔五分之二，比之沙皇時代的俄國，進步可說非常神速。不過赫魯雪夫計畫於一九六〇年，布里茲涅夫又計畫於一九七〇年使蘇聯公民皆具中學畢業的程度，卻都流於紙上談兵。據西方蘇聯問題專家分析，蘇聯所以對於普及教育停滯不前，非不能也，實不為也。考其原因，乃由於據實際調查，中學畢業之工人多對工作懷抱不滿情緒，而工作優秀之工人幾乎全為知識程度極低者。因此之故，停止普及教育之推行，是否有違共產主義理想之初衷？蘇聯今日之政策，實際上令人懷疑是屬於社會主義者，還是國家資本主義或是社會帝國主義者？可見社會主義也好，共產主義也好，都不是不可能退化的。

政權與黨權

政權的性質

　　按照孫中山先生的解釋，政權是人民管理政事之權，並拿來與政府所掌握的治權對立起來，且具體地闡明其內容為：選舉權、罷免權、創制權、複決權。在理論上我們不能說孫中山先生對政權的解釋有甚麼不對，但在實際上考查起來，卻並不是那麼一回事兒。這樣的政權，不但在中國沒有發生過，就是在所謂的西方民主先進國家中也並不曾實現。將來會不會實現呢？我們真不敢預言，最多我們只能視之為一種高遠的理想。人類歷史的演進並不是全靠理論的，最重要的還是根據人類已走過的路子一步一步地往前進。一步登天的事，大概是不會有的。看一個人，我們有一句俗話說：「從小看大，三歲看到老。」這就是強調歷史經驗的重要。看一個國家或者看人類整體的發展，要想拋開歷史經驗不談，而只閉門造車地描繪出一幅大同世界的遠景？那只是非常不切實際的詩人作風。

　　我們平常所說的政權，其實只是兼治權而言的政治體制。譬如說資本主義政權、共產黨政權、毛政權等即指此。如若說政權乃人民管理政事之權，則不論張政權也好，李政權也好，基本上便不該有所差異了。

從歷史上看，政權的建立雖然不能說與人民無干（就是統治者也可以是從人民中而來的），但若說真正是「天聽自我民聽，天視自我民視」，政權只是基於人民的意志和和平平地產生，卻並不多麼得體。事實上，人民從來還不曾有過這種幸運。不用說中外歷代的王朝都是打來的天下，就是現代民主政治的標本——美國，若不經過獨立戰爭，怎能掙脫英國人的殖民統治？若不經過南北戰爭，又怎能把林肯總統的民主思想發揚而光大之？由此看來，倒是毛澤東一語道破了歷史的真相：「槍桿子裏出政權！」

　　政權既是槍桿子裏出來的，要說是政權是人民管理政事之權，還不如乾脆說政權是拿槍桿子的那些人的政治權力來得更切合實際。也許有人不同意這句話，他會說：「像現代英、美、法等國，當政者不是明明由人民選舉出來的嗎？」不錯，在這些國家中的當政者是出自民選，但你有沒有考查考查這些國家中的選舉方式？是不是不問張三李四都可以當選為當政者呢？當政者又代表了些甚麼人的利益呢？就是這樣當選的當政者，倘若執起政來稍有差錯，有礙某些人的利益時，還可以把他一槍斃命，另外再換一個聽話的。因此，民選與否，實際上並不能完全決定一個政權的性質。我在這裏並非意在一筆抹殺現代的民選制度，在沒有其他更好的制度以前，民選仍不失為一種較為合理的制度。我只不過想說明，今天的世界上，一個政權，不管是民選的還是用暴力建立的，實質上都並不像理論上所說的代表著全民的意志。同時要人民自己來運用政治權力，也不是件輕而易舉的事。不但在沒有政治經驗的開發中的國家中難為，就是在號稱民主政體的西方國家中也不是件易事。真正的政權，一般還是掌握在那些拿槍桿子或有經濟實力的人的手裏。

政黨與政權

　　政權若真是掌握在人民的手裏，每個人都可以沾潤到這政權的好處，有誰還會捨身拚命地去爭奪呢？因為不爭奪也可以分享，爭奪來也不能獨有，不管誰當政又有甚麼差別？事實上卻大謬不然。正像我們上節所言，政權代表的並非全民，而只是一部分人的利益。大處說政權可以代表一個階級，小處說只代表一個集團。而在同一個階級或同一個集團中的人也並不能公平分享這政權的好處，而是愈是接近這政權的人所享的好處便愈大，於是乎政權便成了一個人人皆欲的對象。

　　在過去歷史上，最有力量或最狡黠的人便可以把政權據為己有，而成為天無二日的皇帝。到了後代民智漸開，一個獨夫便很難彰明較著地把這個寶貝獨自吞下肚去，於是乎便出現了結黨而營之的現象。這就是近代各國的政黨政治。

　　如沒有政權，便不會有政黨，可見政黨只是為爭奪政權而存在的。政權是一種實利，政黨也就是一種爭權奪利的組織。不管多麼有理想的政黨，也不能脫開實利二字。譬如說，共產黨是高櫫共產大同世界理想的政黨，但若不標明目前主要的是為了無產階級的利益而奮鬥，便不能成其為黨。所以黨是一種有局限性的為爭奪政權而存在的集團。

　　在西方所謂的民主國家中，最少有兩個政黨的存在。目前不需要以流血的方式，而是用和平的方式來爭奪政權。不過問題是，如果這兩個或兩個以上的政黨所代表的只是同一個階級或同一個集團的利益，而不容許出現其他真正敵對的政黨（譬如說美

國便沒有一個是以代表黑人利益的政黨，現在的黑豹黨只是一個不得已而採取暴力手段的秘密組織），未來是否會發生以流血的方式來爭奪政權也是很難預言的。在所謂社會主義的國家中，則只有一個政黨：共產黨。然而一黨或多黨與政權相對而言，也並沒有多大差別。因為政權既是一種人人皆欲的對象，若是一黨範圍過大，而失去了其原有的局限性，便自會在黨內分化出派別來。那麼一黨內數派為爭奪政權而引起的鬥爭，跟異黨之間的鬥爭也就不會有甚麼兩樣。不過所不同的是，在西方民主國家中，因為黨派繁多，就不能不產生出一種黨政分離的約定。也就是說，一黨掌權時，黨的權力必須溶化於政黨之中，而不能凌駕於政權之上。在社會主義的國家中則不然，因為只有一黨，掌握政權的不管是哪一派，都在同一黨之中，那麼黨權與政權便不容易劃分清楚了。

黨權的來歷

西方民主國家的政黨與共產黨基本不同之點，乃在這些政黨多半因現實的利益而組合，並沒有甚麼高遠的理想，所以容易組合也容易分化，像法國的政黨；容易有名而無實，像英美的政黨。共產黨則不然。共產黨是一個既講實利又講理想的政黨，因此它不但強調黨紀，而且特別重視思想的訓練。談到紀律與思想訓練，便不能沒有標準。目前的標準是人所共知的馬克思主義、列寧主義。然而我們上文說過在共產黨內又有因爭奪政權而引生的派系，那麼在這些不同的派系之間，自會產生對馬列主義不同的解釋。誰是誰非，既不能起馬列於地下，如何得而定之？那就

要看誰有實際的權力。根據歷史的經驗，毫無例外地是誰有實權，誰就是對的。所以史達林為是，托洛斯基為非；毛澤東為是，王明、劉少奇為非。

因此在馬列主義之下，自然又形成了一個第二標準。這個第二標準卻是一個活標準，也就是說在黨內誰掌握了實際的權力，誰就是這個活標準。這個第二標準而且勝過第一標準，因為第一標準只是紙上的具文，第二標準卻可以任意解釋。那怕與第一標準南轅北轍，只須實權在握，一概都不成問題。所以史達林殺列寧的信徒、蘇軍侵捷等，一經史達林與布里茲涅夫解釋，就無不符合馬列主義。就是身為共產黨員者，只要不癡不傻，大家肚裏自然明白，馬列主義可以放在一旁，唯對這個代表馬列主義的活標準卻不可不小心供奉。這就自然使這個活標準，從上到下，從裏到外，產生了無限的威權，而且這種威權並不只限於政治與法律問題，而是直接控制了人的思想與靈魂，較之於一般的政治權力，可說又大了百倍。

蘇聯與中共都是由黨而建立政權的，黨權自然已先政權而存在。蘇聯自建國之初，可說是黨政合一的制度。列寧身兼黨國雙重的重任自不用說，繼起的史達林仍然集黨權與政權於一身。史達林死後，蘇聯的修正主義者，鑑於史達林的獨裁之弊（或迫於形勢，因當日無人有統領群雄之望），實行所謂的集體領導，由赫魯雪夫主黨，布爾加寧主政。但只因在傳統上黨權總是高過政權，所以沒有多久，赫魯雪夫即罷黜布爾加寧，重集黨政兩權於一身，於是也不再談甚麼集體領導。不幸赫魯雪夫畢竟趕不上史達林的手段，一轉眼又被別人打入冷宮，集體領導重又恢復，形成了三頭馬車的局面。實際的權力到底在誰手裏，局外人

自然難以臆斷，但不少人替柯錫金及鮑得高尼捏著一把冷汗倒是實情。

中共的局面跟蘇聯也不相上下。建國之初，實際上也都是由毛澤東一人統領黨政雙方的重任，黨國大計無不出於毛氏之手。直到一九五九年，毛氏才因形勢所迫退居第二線，改由鄧小平主黨，劉少奇主政。然而鄧小平無論聲望與實力均無法與毛澤東相抗衡，所以實際上只能說做做劉少奇的陪襯（其實劉少奇也是以黨閥而當政），真正黨內的威望所在仍集於黨主席的毛氏一身。在中國自然也不外造成黨權凌駕政權的形勢。所以當雙方一發生磨擦爭執起來，掌握軍權的國防部長竟然不聽命於國家主席，卻唯黨主席的馬首是瞻，劉少奇也就無怪乎甘拜下風了。這也可以說是一黨主政的自然趨勢。

政權與黨權的矛盾

從中共及蘇聯的歷史經驗看來，若非集黨政兩權於一身，二者之間必有矛盾。主要的原因自然是由於一黨當政，黨政雙方的勢力範圍無法劃清，常常不免形成雙軌制。黨員之組織、黨員之訓練及思想教育等，固然由黨一手包辦，就是政府裏的事，黨也並不袖手旁觀。所以黨裏也有與政府並行的一些機關部門，黨也管國防，也管外交，也管經濟，也管工商業，也管農業，也管文化事業及一般教育。若不在最高點上統一起來，焉有不發生磨擦衝突之理？一旦黨政分立，暫時的和諧可能會有，但因基本上存在著矛盾，遲早有一天終會爆發出來。就是在黨政最高點統一的時期，下級間的矛盾仍然難以完全避免。毛澤東在「井岡山的

鬥爭」一文中就說過：「黨在群眾中有極大的威權，政府的威權
卻差得多。這是由於許多事情為圖省便，黨在那裏直接做了，把
政權機構擱在一邊。這種情形是很多的。政權機關裏的黨團組織
有些地方沒有，有些地方有了也用得不完滿。以後黨要執行領導
政府的任務；黨的主張辦法，除宣傳外，執行的時候必須通過
政府的組織。國民黨直接向政府下命令的錯誤辦法，是要避免
的。」①

　　從上面的話可以看出毛澤東雖然看出其間的矛盾來，但也
沒有徹底解決的辦法，或並不想尋求解決的辦法。基本上他也承
認政府應該由黨來領導，只是黨的主張應該通過政府的組織來執
行，而且黨應該避免直接向政府下達命令而已。然而共產黨在政
府各機關中安插黨委書記的制度，恐怕比國民黨直接向政府下達
命令的辦法更要厲害。

　　本來一個黨既然要這麼嚴厲地把持著政權，何苦還要另立
一套政府的組織？乾脆把黨部變成政府衙門，直接由黨來包辦立
法、司法、行政，不是更為直截了當？然而不行！黨，正如我們
上文所言，只是代表一個集團或一部分人利益的一種爭奪政權的
組織，如果由黨來直接執政，那就顯見地是由一部分人來統治另
一部分人了，所以非要經過這一番周折，才可遮人的耳目。再從
另一方面來看，既是一黨當政，何不把這一黨變成一個全民黨？
個個國民都是黨員，個個國民也就享有一樣的權利與義務，豈不
是好？然而那更不行！如果個個人都成了黨員，權利與義務平等
了，也就不再有黨之可言了。黨本來是為了爭取一部分人的特權
的，這樣人人都平等了，還有甚麼特權可言？有黨還不等於無
黨？是以不論中國還是蘇聯，雖然一直是一黨專政，可始終不曾

把共產黨來變成一個全民黨②。不管一個黨口頭上說的「為人民呀」、「為理想呀」等等多麼動聽，其本質上在保障一小部分人的利益，是不可諱言的。如此，則黨權一方面與政權之間存在著矛盾，一方面與人民之間也存在著矛盾。這種黨與人民之間的矛盾，看來跟黨權與政權之間的矛盾沒有直接的關係，其實在通常的情形下卻往往會加深黨政兩權之間的裂痕。譬如說，如人民對黨不滿，黨便可以利用其優勢，把自己的過錯轉嫁到主政的人的身上（毛劉就會如此）。這麼一來，如代表黨權與政權的並非一人，則二者勢必水火不容。

黨政兩權的歷史影子

這種黨政兩權並立的情勢，是不是現代社會的新現象？並不全是。在我們歷史上的歷代王朝，都是打著儒家的招牌的。儒家之代表理想正與共產主義之代表理想相當。宰相的制度，實際上即是以儒家的理想與皇權（也就是當日的政權）抗衡的一種制度。不過其間的差別是代表儒家理想的宰相，只附屬於皇權之下，根本處於劣勢；而代表共產理想的黨權卻高高地凌駕於政權之上。因此宰相與皇帝不容易發生實質的鬥爭，而今日的黨政雙方卻存在著真正的磨擦。

如果我們轉而看西洋的歷史，在西歐歷時悠久的政教之爭與今日黨政並立的現象則更為接近。

基督教本是以平等傳愛為本而寄託理想於天國的一種宗教，然而歷代的教士們卻並不漠視人間的權與利。因此在西方歷史上，大小主教們，當其自身力量不足時，則附託於王室；自身

力量強盛時，則馭王室以自利。不但教會擁有大量的土地與財產，主教們生活之奢侈時常尤過於王侯。教皇與主教們所代表的是基督，所以有時可以凌駕於崇信基督教的王侯之上。然而彼此之間利害關係上之衝突與磨擦，真是不勝枚舉，一直延綿了千餘年，直到這個世紀之初才走上了政教完全分離的道路。

我們不免在此要提出一個問題：為甚麼歷代的政權不是依附於一種理想，就是依附於代表理想的一種宗教？西方的基督教國家與回教國家固不必說，就是我們的湯武革命，不是也自言受命於天的？這個問題牽涉到人類進化中的社會的精神及心理的現象，是一個極複雜、極豐富、極值得鑽研，而又極不易答覆的問題。在我們這篇短文中自然不能詳論。但是根據這種既成的歷史現象，我們也可以勉強先簡略地說：人在現實的物質世界中無法得到滿足，才發生對理想或對神秘事物的蘄嚮。人的精神上的真正的依附、心理上的實在的安慰，都無法在這個物質的世界中獲得，才會發生對宗教的需求。湯武之言受命於天，並非全如某些史學家所言純為一種欲攬民心的政治宣傳，而其自身定必亦相信如此，然後在其行為及施政上才有所遵循。西方各國古代王室之所以甘心接受基督的洗禮，也不外為自己的精神尋寄託，為王權找理論的根據。今日共產黨人之於共產世界的理想，也是基於一種宗教的心理。共產黨人雖自言為唯物主義者，然其不計現實條件及固執理想之精神則遠過於唯心主義者。究其行為、心理，則與宗教狂熱之信徒殊無二致。這也正可說明人之不能完全擺脫歷史包袱，歷代的政權既然都曾依附於宗教，今日的共產政權之必依附於共產主義理想也就是勢所必然的現象。西方古代各國政教之間的又衝突又依附的關係，與今日政與黨之間的又衝突又依附

的關係在基本上也是一致的。西方的古代的主教們，一面不失其對天國與基督的信心，一面卻藉政權之便取得實質的利益，與今日共產黨人一面不失其為維護無產階級之利益與實現共產大同理想的信心，一面藉政權之便謀取實質的利益也是一致的。從這裏看來，今日社會主義國家中黨政的依附關係，自也是一種在一定的歷史條件下的社會現象。

黨權馭政的利弊

我們說中國古代宰相制度的目的乃在以儒家的理想與皇權相抗衡。雖說這種抗衡的作用極為有限，但至少也多少收到些限制皇室過度跋扈的效果。西方過去基督教的教皇與主教們的權力，對各國王室也曾有約束的作用。在這一點上看，自然對百姓是有利的。然而中國古代的賢相畢竟並不多見。一般的情形卻是為虎所倀的多；大小官吏在皇權的保護下，都可以名正言順地對小百姓任意壓榨剝削。西方古代的主教也多的是奸詐狠惡之徒，對百姓毫無恤憫之心。不然法國大革命之後，何以會產生平民屠殺主教及教士的復仇事跡？然而這種政教狼狽的關係，既深植在人類進化中的精神的心理的需求中，自不能因其弊害而斂跡，因而在西方的歷史上得以延續了千餘年之久。

今日黨權駕馭政權的情勢，其利弊基本上也不出歷史之前轍。表面上看來以黨的理想及紀律指導政治，自然對人民有利，然而實際上黨政之間又焉有不可以狼狽為奸之理？人性總是差不多的。堅信上帝及基督的主教們可以不顧民瘼，我們又怎可苛求一個信仰馬克思主義的共產黨徒？尤有甚者，古代之理想及宗

教，因其不能完全駕馭政權，常可以中和暴君的暴政，今日因為以黨馭政，暴君則已不在政府首腦而在黨魁。如黨魁自身暴劣，也就沒有其他的力量來中和他了。希特勒與史達林都以黨魁秉政，就是很好的例子。

為了達到黨權完全掌握政權的目的，黨魁自然盡力壓服執政者的反抗力，而使其完全聽從指揮而後已。在這種情形下，自然易於導致獨裁集權之政體。這也就是社會主義國家之難以實現民主政治的基本原因之一。

反之，如黨魁失去對執政者的控制力，則此執政者因本身亦為黨員及黨的高級領導，很可以自己取黨魁而代之，至復歸以黨馭政的局面而後可。這種例子至今還不曾發生過，但未來則很可能產生。總之，以黨馭政的局面，已成了今日共產政治制度的先天條件，不管在黨政雙方的鬥爭中那一方獲勝，都無法更改。這也就是說集權與獨裁的政體也已成了以黨馭政之下的常軌。如想在共產黨政權中引出民主來，那得等到以黨馭政的局面先有所更改才可。因此可以說，對人民而言，以黨馭政，弊多於利。

黨權與政權關係之前瞻

西方國家之所以終走上政教分離的道路！主要的有兩個原因：一個是政教之間的磨擦愈來愈甚，而教權除了爭權奪利以外已不能對社會對政治帶來甚麼好處；二是政權所依附的基督教理想逐漸由近代的民主政治思想所取代。這又是由於科學的發展及近世盧騷、伏爾泰諸先哲的世俗的民本思想影響所致。政教分離之後，基督教也並不曾完全退出於人間的事務之外。只是不再過

問政治（對政治之影響自然仍有），餘如養生（嬰兒受洗禮、辦托兒所、養老院等）、送死、婚嫁、一部分教育及社會福利仍然操在教會的手裏。至於教徒的精神及靈魂問題，那自然更是教會的專責。

共產黨與政權之間的關係，會不會走上西方政教分離的路子？很有可能！為甚麼很有可能？因為正如我們上節所言，以黨馭政終是弊多於利的。人民可以忍耐於一時，久之則會招致不良的反應。這種不良的反應會漸漸侵入黨的內部，使黨員對主義失去信心，如此則非把黨政之間的關係予以調整不可。不過要促成黨政如政教分離般的分離，自然也需要同樣的兩個先決條件：一是黨政之間的矛盾愈來愈甚，或黨魁獨裁的手段愈來愈烈，使民不堪命；二是有另一種理想來取代目前政權所依附的共產主義理想。

如果黨政有一天分離（恐怕不必需要一千年的時間），黨方也可以如教會般地掌管養生、送死及婚嫁之禮，以及一部分教育跟社會福利事業。然而共產黨是不信魂靈的，黨方是不是能滿足黨員精神上的需求，就大成問題了。

一九七一年四月十七日

原載一九七一年七月《展望》第二二六期

---

① 《毛澤東選集》，北京人民出版社一九六四年版第七五頁。
② 赫魯雪夫曾倡言全民黨，但也沒有下文。

暴政、酷吏與人性

中國的暴政與酷吏

　　暴政和酷吏並不是中國的特產。不過時至今日。在歐美諸國，縱然其政治制度尚遠不夠完美，然對其國民而言，其政已不能稱之謂暴，其吏亦不能稱之謂酷。（外對其他弱小國家自然是另一回事。）

　　反觀我國的人民，則沒有這般幸運。自孔子時代，暴政已經猛於虎了。其後暴政與酷吏，幾無代無之。秦始皇是歷史上第一個有名的暴君。他雖然有統一中國的功績，然而也因此建立了刑法嚴苛的君主統治基礎。秦始皇最著名的暴政是焚書坑儒，其實其所坑之儒不過四百多人，而因築長城、築墳墓、築馳道、築宮室、擊匈奴所死的工匠士兵，則千百倍過之。漢朝是我國文治武備均昌盛一時的大時代，然而《史記》上〈酷吏列傳〉所載的酷吏們，以效忠朝廷為藉口，對人民動輒滅族。中國歷史上第二個大暴君是隋煬帝。其放蕩嬉戲，不惜民命可說到了極點。《隋書》上說他：「普天之下莫非仇讎，左右之人皆為敵國。」其後外族入侵對中國人民所施的橫暴且不去說他，就以英武著稱的朱元璋，殺起功臣來，其殘忍處亦足令人髮指。清末宣統退位，王朝告一結束，國家在名義上一屬於民，再屬於人民，按理說該不

會再有暴政與酷吏了，不幸的很，二者均未絕跡。國民黨之格殺共產黨徒、共產黨之消滅國特，也毫不客氣。

　　然而暴君也好，只不過是幾個少數的個人。如沒有其他的人扶翼，少數幾個人的暴酷又有何害？君之所以能夠行其暴，吏之所以得以施其酷，不用說一定是假手於人的。那麼這些人怎肯甘心聽命於暴君、酷吏而施殘暴於他人？如若在封建的時代猶有可說，為甚麼到了民主的時代，甚至於到了超民主的社會主義時代，這些暴酷的行為仍未斂跡？這不是值得探究的一個問題嗎？

　　我國之所以暴酷至今者，是不是因為我們中國人比其他民族更為殘酷？這倒也不是。我們只要把我們來比一比東鄰的日本、北鄰的蘇俄，就知道我們尚是望塵莫及；要是比起希特勒治下的德國人，我們更可以說差不多是些菩薩了。可見暴政與酷吏並不是民族性的產物！既不是民族性的問題，那麼是不是人類的共性呢？去年（一九七〇）三月德國明瀋（München）馬客斯‧普蘭克（Max-Planck）研究所所做的一次測驗，也許多少可以回答我們這一個問題。

德國一次有意義的測驗

　　這次測驗的目的，是為了看一看在德國一般的國民中，到底有百分之幾的人，在科學試驗的藉口下甘願受命刑人至死。研究所從社會不同的階層如工人、職員、官吏等兩萬八千人中挑選了一百二十人做測驗的對象。在測驗室裏秘密地裝有攝影機，專為偷攝受驗人的反應。（德國Bayern地方的電視臺在當事人的同意

下曾於去年十月將所攝片段編為紀錄片播出。）測驗的經過手續如下：

被選中的受測驗者（一般所選的多半是成熟的中年人）按時按址到了一所房子的門前。在樓梯上他先遇到一個好像住在研究所樓上的「公社」（歐美嬉皮青年的社會生活集團）一類的組織裏的長髮青年。受驗者到了研究所門前按鈴，一個身著白衣學者模樣的人給他開了門。這位學者自稱K先生，對來人道了歡迎之後，立刻付給他二十五馬克的車馬費，算做是對測驗合作的報酬。緊接著把來人讓進一間光禿禿的白色的房間裏，那裏早有一個長髮的年輕人候著。於是K先生就用一種無任何表情的聲調說道（自然他得用一樣的聲調重複一百二十遍）：「兩位先生，我們測驗的目的是為了決定體罰在教育上的效果。在甚麼情形之下，體罰可以加速學習的進度？對這個問題，我們知道的實在有限，現在就勞你們兩位幫助我們澄清這一個問題。請你們之中的一個做老師，另一個做學生。」照安排，二人應該以抽籤的方式來決定各人所扮演的角色；不過籤也是事先安排好了的，總是成熟的中年人抽中做老師。

於是K先生把來人跟那個年輕的學生導入一間寬敞的鄰室。第一個映入來人眼簾的是一籠做試驗用的沓雜的白鼠。緊接著他發現室中有十幾條電線集中到室中央桌上的一個漆成黑白兩色的大鐵盒裏。鐵盒的一面裝有許多小燈泡。穿過另一扇半開的門，來人瞥見一把奇怪的椅子。椅子的扶手上裝有鐵質的縛帶，上面接有電線，普通人一眼就可以看出來，這是一把施刑用的電椅。

K先生把二人讓到電椅旁邊，並請扮演學生的年輕人坐到椅子上說：「現在我們得把你綁起來，以後你就不能再動彈了。」

K先生隨即在衣袋裏取出一管藥膏，一面把藥膏塗抹在學生的光裸的小臂上，一面又解釋道：「這是為了避免灼傷皮膚準備的，這種藥膏有助於使電流暢通到你的全身。」

正負兩電極結結實實地縛在學生的左臂上。K先生並請那位中年人幫助完成這種綁縛的手續。中年人總是微笑著應命做完，K先生便繼續他的解說：「老師坐在鄰室的那個麥克風的前邊，他要對著麥克風唸出二十六、七組詞，譬如：白天－藍色；黑夜－樹林；母親－愛情；水－水手等等。然後他重說『白天』一詞，並說出四個不同的答案。學生應該記得在四個答案中，哪一個詞是本來跟『白天』一詞同組的。如果『藍色』在四個答案中的最後一個，學生就該按一下面前有『四』字的按鈕，那麼鄰室老師面前的四號燈泡就會亮起來。」說完，K先生又轉臉對學生道：「要是你弄錯一次，你就接受一次電擊的體罰。」

把學生安排好以後，K先生跟老師又回到原先的鄰室。現在的問題是教給老師如何應用室中央桌上的那個大鐵盒子。這個大鐵盒子原來是一架發電機。為了讓做老師的知道他將加於學生身上的體罰，先讓他自己嚐一次四十五伏特的電擊的滋味。然後K先生交給老師一張詞組的單子，並做最後的一次解說道：「你要對正面前的這架麥克風出問題。注意面前亮起來的小燈泡，要是你發現號碼不對，你就大聲說：『錯了！』立刻在發電機的第一個按鈕上按一下，那麼你的學生就受一次相當伏特的電擊。然後你把正確的答案告訴他，再提出下一個問題。體罰是從十五伏特的電擊開始，一直到四百五十伏特的電擊結束。」

在測驗的過程中，學生犯的錯誤愈多，老師給的體罰就愈重。這就是所謂的「體罰的教育價值的測驗」。

做老師的總是很注意地先把那個大鐵盒子研究一番。每一個電鈕都標明了伏特的數目，自左至右，愈來愈強。除了伏特數目以外，在每個電鈕的上方且另有註明：從左至右，先是從「弱」到「強」、然後是「很強」、「特強」，「危險」等字樣。到了四百五十伏特的時候，已經再沒有說明，只標著三個勸阻性的正「十」字。

　　在測驗的進行中，學生的錯誤層出不窮，老師所給的體罰自然也就越來越厲害。在七十五伏特電擊的時候，可以聽到呻吟聲從鄰室傳來。到了一百五十伏特，學生則開始嚎叫，要求停止測驗。但是K先生卻在一旁冷冷地道：「進行下去！」到了一百八十伏特，學生已嗚咽不成聲，乞求老師的憐憫。停止測驗。三百伏特時，學生拒絕回答，並大聲嚎叫：「夠了！夠了！解開我，我不要再做下去！」可是老師繼續提出問題，這時候學生一方面則不再有反應。K先生仍說：「進行下去！」老師就不假思索地應命而行，提出問題，按發電機的電鈕子，一直到四百五十伏特結束為止。然後站起身來對K先生道：「他已經沒有反應，他甚麼也不說啦！他準是不行了！」

　　同樣的測驗重複了一百二十次其中百分之八十五的老師都把體罰施行到四百五十伏特為止。這可以說明，七次中有六次，這些中年人，十足可以代表其所屬階級的體面的國民，竟不能發覺這種所謂「教育測驗」的可怕的荒謬性，都乖乖地聽從科學及那位在他們眼中不啻為科學化身的白衣學者的要求，把測驗進行到底。他們全不曾料到，受測驗的實際上並不是那個年輕的學生，而卻是他們自己。事實上這次測驗是事先做好的圈套，扮演學生的那個年輕人是串通好了的。學生所坐的椅子也並沒有真正

通電。學生的錯誤答案是事先列出來的。學生的呻吟聲、嚎叫聲、嗚咽聲等等，都不過是些戲劇化的錄音播演。

測驗的真正目的，一句話，乃在看這些老師們的反抗的與不服從的能力。據設計這項測驗的心理學家大衛‧孟臺（David Mantell）的意見：「服從就是我們這個社會中的主要的制度諸如家庭、教會、學校、工業、政黨、軍隊等的基礎。」

這個測驗進行了六個星期，其中的細節可以參考那位扮演學生的叫作路易‧翁‧得‧鮑爾士（Louis von der Borch）的年輕人的日記。我們節譯幾則如下：我本來堅信這次測驗定會導致一種良好的結果。對我來說，一個人在完全不必服從任何約束，甚至於沒有任何直接壓力的情形下，竟無故地接受刑人至死，是一件不可思議的事。……

第Ⅹ十四號測驗（此處的號碼只是一種代號，目的在保持受測驗者的無記名性。）

我等待這個年輕人在結束以前起而反抗，可是直到快要到四百五十伏特，他一直表現了他的竭誠合作的態度而完全聽命於測驗的要求。我陷入困惱之中，並一直不由自主地站到他的地位來設想。我終於明白過來，處身於這種環境之中，我們甚麼事都可以做得出來，包括謀殺在內……要是真的把他換成了我自己，我會幹出甚麼事來，我也不敢說了。

第Ⅹ十五號測驗

這個「試驗品」一開始就懷疑體罰的教育價值。跟其他的人一樣，他也很客氣、很謙遜，外表看來似是一個傾向自由主義而心胸開闊的人。我於是又盼望著他的拒絕進行測驗，並重新鼓起了信心。這個人而且曾得過大學的學位……然而！在測驗進行

中，他卻把我氣了個透頂。在每一次施罰之前，他必說一聲「對不起」。難道說以此就足以自解了麼？

我們真該請鮑蘭斯基（Polanski，專拍心理分析性的恐怖電影的波蘭籍導演）來把這些測驗拍下來。他知道如何把這種荒謬跟我們的困惑用畫面表現出來。我們是有反抗性的，然而我們竟無所用力。對這個人的行為，我找不到解答，於是我就越來越生自己的氣了。這個人在到達三百三十五伏特的時候聲言說任誰也受不了這麼強的電力，但並無礙於他把電鈕按到最後的一個。他只是一個驕矜、自欺，又自憐自惜於一己的弱點的人……

第X十六號測驗

這是個已經上了年紀的人，他冷靜地從頭做到尾。我現在對此已無動於衷了。每次都期望一種意外的反抗而終至落空，實在令人沮喪。這個人是一個真正的瘋子。在測驗進行中他所說的話，充滿了野獸般的惡意與冷酷。我們這回算碰到了一個真正的存心不良的惡漢。我的怒氣越來越大，我只有把他看作豬玀一類……

第X十七號測驗

這是一個沉默、愉快的三十來歲的本地人。我自問，這個人一定不會做到完。這個人看來既聰明又和善，然而他竟也努力地完成使命。我開始想，這似乎不是一個個人的問題，而是由於我們這個專制的社會。

他毫無異議地服從，真是令人難以忍受……耳聽著別人的嚎叫，他怎麼竟能無動於衷？失望！以後不管知與不知，對誰我還能再信得過？對誰我還能再有所敬重？這種測驗具有難以令人忍受的殘酷性。對我自己的叫聲，我簡直無法再聽下去。他到底

是否真正相信在折磨我？他怎可竟如此愉快地繼續按動電鈕。我隱約似乎聽到他在笑著說：「我是個富於情感的人。」

在到二百七十伏特的時候，他說：「他不聽我的了。」

在二百八十五伏特的時候，他說：「沒有效果，我已經按到底，可是沒有反應。」

在三百九十伏特的時候，他說：「他有一點呻吟。」

在四百二十伏特的時候，他以一種略帶氣憤的聲調說：「現在他不幹了！」

在四百三十五伏特的時候，他說：「他一動也不動了。」

K先生仍說：「繼續下去！」

「好吧！」他按了四百五十伏特的電鈕。

這簡直是一個卡夫卡式的世界……人，總應該超越，總應該拒絕權威。

第X一百十六號測驗對……一個敏感的人來說，這種測驗無異於參觀一次集中營。它可以叫人失去一己的人格，叫人懷疑人之所以為人。我們有沒有刑人到這步田地的權利？這種測驗打開了至今誰也尚不曾探測過的一種深淵。我迷惑了。

第X二百十號測驗

在嚎叫聲沒發出之前，我還不算是受害者，我不過是一個誘人進入陷阱的誘餌。但是嚎叫聲一開始，折磨與不安也就跟著來了。每次我都像第一次一般的困惱。……

在九十伏特的時候。此人說：「我希望電擊不要這麼強，我又不是個大夫。」（K先生說：「繼續下去！」）

在二百一十伏特的時候，他說：「最好停下來，現在他真正受苦了。」（可是他並沒停下來）。

在二百二十五伏特的時候，他說：「繼續這種測驗是沒有意義的。再說在我們的合約上也沒有事先說明這些個。」（可是他仍繼續著。）

在二百八十五伏特的時候，他說：「我不要再做下去，對不起，難道說你們要測驗老師嗎？嗯！」（他仍然繼續下去。）

在三百九十伏特的時候，他說：「現在我再給你八秒鐘回答，要是你再不作聲，我就罰啦！」（他繼續罰下去。）

我忽然覺得這不過是一種機械的活動。活動的進程是被一些懦怯的、隱蔽在幕後的只問技術而不必憂慮其他的人操縱著。……

第XX二十八號測驗

現在當人們自始至終把測驗做完的時候，我已沒有從前那麼吃驚了。我的理想早已蒸發淨盡。我已經習慣於人之所以如此。這次這個人在每次的錯誤答案後，連「不對」也懶得說，只默默地施他的刑。在測驗進行中，他表示他對這些個甚麼也不明白，真氣煞人！

第XX三十號測驗

啊哈！這是我們第一個不應命的人。雖說是遲到四百零五伏特的時候，但總是第一個敢於反抗的。我高興得要死。真正的勝利！這個人好像活生生地證明了不應命並不是一種理性的舉動，而只是一種未加思索的一時的決定。……

第XX四十五號測驗

在到一百六十五伏特的時候，他問：「是不是我得再按這些電鈕？」

在按了四百五十伏特的電鈕之後，他站起身來道：「我想他已經沒命了！」

測驗的檢討

其實早在一九六〇年在美國已經做過一次性質類同的測驗。美國一位叫斯坦勒·米格若姆（Stanley Mulgram）的心理學家，想瞭解為甚麼德國人在納粹的統治下那麼有紀律、那麼服從。他也想知道這種服從性是不是來自德國人的民族性。他自己從沒有去過德國，他在美國的紐海文（New Haven）和布雷治坡（Bridge-port）兩地做了這種測驗，結果竟有百分之十六的美國人接受把體罰一直進行到四百五十伏特。

本來在這次馬客斯·普蘭克研究所的測驗以前，專家們以目前的西德比美國更為民主的理由預測可能只有百分之三十的國民會服從到底，誰知道結果竟高達百分之八十五！我們不知道這種測驗在中國的國民中會產生如何的結果。然而據美德的測驗結果推想，中國大概也不會十分例外。不但不會例外，以中國人自幼在封建家長制的家庭制度及學校教育中所培養成的服從性看來，其結果恐大有惡於美德之虞。

就這次測驗周密的佈置，做老師的人似乎不可能不知道他所加於學生的體罰在真正地折磨著學生。但是因為第一、體罰是間接地通過電流而非親自動手，第二、有科學試驗的堂皇的理由做為藉口，第三、不是自動自發而是受命而為的，所以絕大多數的人竟能不以為忤地甘心扮演著劊子手的角色。以在越南桑美村（My Lai）屠殺手無寸鐵的兒童、婦女及老弱而正在美國受審的威廉·嘉來中尉（Lt. William W. Calley）的心理背景與此也相差無幾。（據被控與桑美大屠殺案有關的最高軍階美軍上校Oran

Henderson作證稱：所有美國在越南的軍事單位都曾或大或小地犯過桑美一類的罪行。）所以在世界上有很多人同情嘉來的劊子手的處境，而認為真正的劊子手應該是在幕後計畫與操縱戰爭的總統、部長、司令之流（羅素生前組織法庭審判美總統詹森即基於這種見解）。這些人只要坐在安樂椅裏在紙上劃幾筆，就不知有多少生靈因此而塗炭！他們因身不經戰火，手不見鮮血，就很容易地給自己的罪行找出一種堂皇的藉口而自覺心安理得。最可憐的自然是那般應命而行的士兵，他們不但兇殘地殺人，同時也被人所殺，然而自己卻並不能自發自主地判斷所以殺人的動機與原因。

這次測驗也可以使我們瞭解到，人類的戰爭行為，不管是否有一個可以原諒的動機，進行起來都是非常地有效。究其原因，實在是因為我們每一個人都有成為一個劊子手的可能。從這次的測驗，我們也可以獲得以下的幾點結論：

一、一個看來極體面的心智早已成熟的成年人，並不都具有應有的自我的判斷力與是非心。

二、一般人無不習慣於服從，也就是說服從成了一般人心理的常態，而反抗卻常需要特別的智慧與勇氣。

三、一般人對其他自己的同類似乎並不多麼心懷仁慈，只要有一個極微小的藉口，就很容易去損傷他人。

以上三點──是非心、服從性與害人之心是值得我們進一步討論的幾個重點。

先說是非之心。孟子嘗言：「是非之心人皆有之。」而認為此乃與生俱來的四端之一，從而得出人性本善的結論。然而後生的荀子，卻與孟子的論調恰恰相反。「人之性惡，其善者偽

也。」認為人性本惡，所有優良的品質，都是受後天的影響所致，特別是由禮樂教化中來。我們在這裏自然無意來辯論這個人性善惡的大題目，因為人性之善惡既不能由哲學家的幾句空話來見其真相，也不能由幾次科學的測驗就可以得到完全正確的結論。我們所討論的，只限於根據德國這次測驗的結果來問：何以絕大多數正常、看來極體面而成熟的人，竟沒有自己判別是非的能力？這裏所謂是非，自然也非如宗教家、道學家所嚮往的那種超出人事經驗以外的「神」與「魔鬼」式的絕對的是非，而是由人類的經驗與社會體制而來的相對的是非。在人類的社會裏，不論中外，大概少說也已有數千年的歷程，人們已經確認愛人、助人為是，害人損人為非。但何以一般人對這般極明顯的是非竟不能分辨？我們暫且嘗試提出以下兩個原因：第一、人們太過於相信一種既有的制度（此處由科學試驗代表之），而認為無庸由自己來判別是非，自己也不必負甚麼責任。所以在測驗之後，竟有人說：「可怕！真可怕！我自己永遠不會做出這種事情來。」事實上正是他自己剛剛做完了這可怕的事。可見他們在意識上或潛意識中認為為他人假手所為者則不能算做是自己的行為。歷代執行暴政的酷吏大概也具有同樣的心理。第二、可能由於大多數人根本是是非不明的。這倒並不一定是說一般人沒有辨別是非的能力，卻並不習慣隨時在生活中予以應用。其原因又是由於我們這個社會只鼓勵人們保守隨俗，而壓抑人們自我的獨特判斷力，更不鼓勵人的自我責任心。所以人們常常自己做出可怕的事卻並不自知。因此我們想到以沙特為代表的存在主義，主張人之自我抉擇，主張人人均應對一己的行為負責，該是針對今日人類文明之弊害而敲起的警鐘。

其次再說服從性。談到服從性：一者應談服從的慣性，再者應談服從的極限。不用說，人類的社會到今日為止，一直是鼓勵服從而壓抑反抗的。在家服從父母，在學校服從師長，在社會上則服從上級。一個人從生至死，無不生活在服從之中。久而久之，服從自然形成了一種慣性，正如飯來張口、茶來伸手一樣的自然。如人有不假思索的行為，那一定是服從性的而非反抗性的。反抗時則需要一個人做一番衝破這種慣性的努力。服從的本身原無所謂善惡，然而因為所服從的人或所服從的事不免有善惡之分，那麼服從的本身也就不能再為人視做為一種中性的的行為。事實上這就不能不牽涉到服從的極限的問題。也就是說服從該有一定的界限。世界上有許多事，如果服從了以後不但危害著別人，亦且可能危害著自己，這樣的事則自不應服從。可是如上文我們所討論過的，人們遇事常常不能顯示其判別是非的能力，那麼自然也就無從弄清楚服從的極限。這真是一樁令人不能不悲觀的事實。不過我們也不應忘記，一個辨別是非的能力與其服從的慣性是有著因果關係的。通常是服從的慣性愈大，則辨別是非的能力亦愈弱。所以要想增強人們辨別是非的能力，則應該在削弱其服從的慣性上著手。當一個人不再事事服從與聽命於人的時候，也就自然事事得自做判斷，自己負起責任來。所以說威廉‧嘉來如果不是一個以服從為天職的軍人，他一定不能不在下手屠殺手無寸鐵的婦孺之前考慮一下他自己行為的後果。可惜近代各國具有影響力的大人物，鼓勵人們反抗的畢竟很少。在這極少數的大人物之中，毛澤東是非常特出的一個。他不但鼓勵人的一般的反抗性，而且倡導反天思想，直接向最高的權威開火。這也就是毛氏得成為全世界年輕人心目中崇拜的偶像的原因。不過毛氏

一面倡導反天思想，一面卻又大力堆砌自己的權威，這又是一件十分矛盾的事。我們設想這種矛盾一者可能毛氏只以反天思想為政爭的手段，建立一己的權威才是真正的目的；二者可能不論反天也好，建立一己的權威也好，都不是出於毛氏一己的意願，毛氏只成為一個任人作弄的傀儡。總之，不管出於何種原因，只要這種顯然的矛盾存在，毛氏在世人的眼中都顯得極為悲哀了。不過，今天這個世界的趨勢，既然需要「反天的思想」用以中和積沿成習的「服從」的慣性，毛氏對這個世界終是有所貢獻的。他既已把這個矛頭交給了後人，後人自會順時而用之，有一天恐怕連他自己權威的盾牌也抵擋不住了。

最後我們來談一談所謂的「害人之心」。孟子一句「惻隱之心人皆有之」就把人的惡性一口否定了。然而到底人性中有沒有惡意存在呢？這又是一個非我們這篇短文所可討論的大問題。像毛澤東似地主張人只有階級性，並無所謂抽象的人性，倒也就把問題解決了。不幸，實際上的問題卻並不如此簡單。有沒有抽象的人性，我們暫且不言。但人除了具有階級性之外，一定還有些別的東西。階級在人類進化的歷程上不管多麼重要，畢竟不能包涵一切。譬如說，人跟自然的鬥爭，沒人可以否認它在人類進化史上的重要性，可是就不是一個階級的問題。所以階級性自不能解釋人的所有的內涵。近代的社會學家、心理學家、動物學家等均企圖以人的社會生活（包括階級生活在內）來解釋人的行為與動機，使我們因此得到不少新的見識。例如奧國的動物學家孔哈‧勞杭茲（Konrad Z. Lorenz）就主張動物的行為與動物性都是在進化的過程中慢慢形成的。這種理論自然並非不可引用到人的身上。法國的心理分析學家菲利普‧若巴茲（Philippe Ropartz）

認為社會環境的改變，對人的行為有決定性的影響。譬如說人口如果超過了一個自然的限度，那麼人口愈眾，人的侵略性就愈大。所以對於一般人的從輕微的對他人的幸災樂禍的消極心理，到嚴重的直接侵害他人的積極行為，我們實在不必抽象地到所謂「人性」裏去發掘其根源（因為人性也不過是在進化過程中慢慢形成的），只須研究其所處的社會環境，就可以獲得相當的解釋與答案。原始人，據考古人類學家的意見，為了求生與自保，不但與自然環境跟毒蟲猛獸相鬥爭，同時也跟自己的同類相鬥爭。那時候同類之間的相殘，常常出之於一種自衛性的自然反應。後來人類漸漸進入群居的社會，自然也隨之生出了社會性的約束。然而群居的本身卻存在著既矛盾又統一的雙重性。矛盾處主要在社會生活中利益之分配，統一處在人類對群居生活的自發要求。數千年來，人類雖然經歷了原始社會、奴隸社會、封建社會、資本主義社會、社會主義社會等種種不同面貌不同內容的社會體制，但這種既矛盾又統一的雙重性並沒有改變。大概在人類進入理想式的各盡所能各取所需的大同世界以前，社會福利的分配，永遠不能做到完全合情合理的地步。縱然做到大致上合理，但如無法解決物質的匱乏現象，這種表面上分配的合理化仍屬枉然。所以人與人之間的關係，自古至今，也便具有著既含有親切感，又懷有敵意的矛盾統一的雙重性。如果一個社會人口愈少，生產愈豐富，社會福利分配愈公平，人與人之間的親和性便愈大於矛盾性。反之，一個社會人口愈多，生產愈貧乏，社會福利分配愈不均衡，人與人之間的矛盾性便愈超出於親和性。當人與人之間的矛盾尖銳化的時候，那種潛意識中的敵意就會不由自主地顯露出來。史達林的暴政與中共黨爭之慘烈，與其把責任只推給幾個

為首的獨夫，不如在帝俄時代及中國的封建社會中找它的根源。因此我們可以看出來，這種損害他人的心理，實在具有著長遠的歷史與社會背景，縱使平時不會輕易顯露，只因正沉睡在潛意識中罷了，一遇有合適的機宜，就會不自覺地清醒過來。

這種現象是世界性的，而非民族性的，原因就是各不同民族所組成的社會到今日都仍具有既矛盾又統一的雙重性。然而為甚麼西方國家今日的政已不算暴、吏已不算酷，而中國則不然？我想最重要的原因，乃在西方的法治精神。法政分立，法律面前人人平等，因法而治之，則暴政酷吏均無能施其技。中國自然並非無法，只是害在法政不分，目無法紀而已。徒法不能自行，如果人不遵重法律（特別是在位掌權的人），法律又如我何！法治雖說如此重要，仍不過是一種治標的方法。西方國家之目前無暴政與酷吏（例外與偶發事件自也難免），乃出於法律之保障，並非西方人之道德高出於中國人以上，而其基本上培育暴政與酷吏的溫床則與我國一般無二。

結語

總之，斯坦勒・米格若姆及馬客斯・普蘭克研究所測驗的結果，使我們多少明瞭到歷史上我們所見的暴政與酷吏，實際上並不是幾個個人的問題，而是一個社會的問題，一個「人」的共同的問題。設想，如果中國不曾產生一個秦始皇、一個隋煬帝，德國不曾產生一個希特勒，蘇聯不曾產生一個史達林，是否中國人、德國人、蘇聯人以及其他有關國家的人民就會少吃一點苦頭？絕對不會！因為問題並不在秦始皇、隋煬帝、希特勒或史達

林個人，而在所以培育秦始皇、隋煬帝、希特勒與史達林的土壤！以上所述的測驗也證明，人人（包括你我在內）都有成為一個劊子手的可能。這種惡性差不多就像基督教所言的原罪一樣，是與生俱來的。基督教指出皈依上帝為贖罪之道，今日的科學卻求助於人類的智慧。人類倘若有足夠的智慧找得出問題的癥結，按理自當亦會有智慧找得出自解之道。不顧歷史過程與社會背景，企圖唯心地抽象地去改造人性，固然難以奏效；一味地只把責任交託於物質環境而完全抹殺人為的作用，也免不了自墜絕望的深淵。我們只有相信人類的智慧終會有把人類從這類原始的泥潭裏拉址出來的一天。

附註：文中有關馬客斯‧普蘭克研究所測驗部分，取材自法國《新觀察者》雜誌一九七〇年十月份第三〇九期之專題報導。

一九七一‧四‧二十九

原載一九七一年十一月《展望》二三五期

革命人物的歷史使命

　　不管馬克思主義者多麼強調無名的群眾在歷史上的重要性，但事實上有名的人物在歷史的舞臺上仍扮演著舉足輕重的角色。首先馬克思本人就不屬於無名的群眾。在歷史上，近代工人及無產階級的革命運動，如不經馬克思理論性的綜合與指導，我們的世界便不會有今日的局面。因此，對人類歷史的進展，在不否定群眾的力量的原則下，也不能忽略幾個重要的個人所起的，如非決定性，至少有巨大影響的作用。

　　在近代我國的革命運動中，群眾固然是重要的中流砥柱，但若不曾有適當的人物加以指導，其成功的或然率恐怕也要大打折扣的吧！這種現象，在過去歷史上更為顯然。一國的命運，常常左右在少數的幾個人之手；這也就難怪過去的歷史幾全為帝王將相的生活起居霸佔了。現代我國的所謂革命家常常喜歡把自己跟過去的帝王將相對立起來，其實在歷史的長流上看來，今日的革命的領導者在歷史上所佔據的地位跟過去的帝王將相並沒有甚麼兩樣。過去的帝王將相，也很有些足以稱之為革命家的。湯、武固然是革命；王莽、劉秀也是革命。所有對政治、經濟、社會生活有所興革的，都是革命；否則近代的革命運動也就失去其應有的涵義了。

　　一個革命的人物，雖說是一個個人，卻也是群體的產物。不但只是群體的產物，而且也是一定的歷史階段與物質環境的產物。所

以這個個人的思想行為，總或多或少地代表了其所出自的群體，同時並受著其所處身的物質環境與歷史階段的局限。由於境遇的不同（例如古代世襲的帝王），或才智的差異（例如過去的開國君王及今日的革命領袖），幾個個人自然而然地超出於群體之上。雖超出於群體之上其思想行為必定是代表群體的，然後在歷史上才可以發生正面的作用，才可以稱之為革命者。否則就只能算是反動者，歷史進展的障礙物。我們讀史時常看到「勢」這個字，又有「時勢造英雄」這句俗話，其實所謂「勢」者，不過就是群眾在一定的物質與歷史條件下的共同趨向。能夠認清這種「勢」，而進一步加以推動的，就是英雄；不然則是一個茫然於「勢」之中的無名群眾。

　　然而一個革命人物也並不能永遠保有其革命性。最常見的現象則是今日的革命家，明日卻成了反動者。這實在也並不超出於自然規律之外。現代的科學知識告訴我們，我們這個世界本來就不是永恆的。不但我們的世界不常，就是比我們的世界大了幾百倍的星球也有它一定的壽命。我們不要看到每天都有一個太陽在東方升起，就幻想著世界宇宙的永恆性，其實今日的太陽已經不同於昨日的。太空宇宙在不停的變化中，我們的世界也在不停的變化中。至於社會人事的變化，那就有目共睹的更其迅速了。在這種巨變中的個人，當然也有其一定的時限。譬如說漢高祖在秦末之亂時是代表了當時的「勢」的，但當他平定了群雄，建立了漢朝，他就已經完成了他的歷史使命，漢朝的四百餘年的國基得需要等到文景二帝的出現來鞏固之。假定漢高祖長壽不死，剝奪了文景二帝執政的機會，漢朝是否會有其應有的國運，是大可令人懷疑的。這倒並非說因為漢高祖的才智不若文景，而只是因為他所代表的「勢」已經變了方向。再說得清楚一點，漢高祖的思想行為局限於秦末之亂的那個

時代，他對外界的心理反應及處理事務的手段，都是針對該時的時勢。到了文景時代，社會已經起了變化，再用秦末之亂的思想觀念及手段來處理當時的事務，自然是不合時宜的了。當然，要是漢高祖能與時俱化，自可另當別論。只是不要忘記了人也有其物質的一面，在歷史上，有誰是能夠與時俱化的呢？所以漢高祖不長壽（史載高祖活了六十三歲），不但是漢朝之福，也是中國文化之福！

我們再看看歷史上那些活過了頭的君主，如唐玄宗之類，後來不但不能造福群體，反倒給人間帶來了無窮災害，連帶使前半生建樹的英名也受了連累。其所以如此，就是因為他已經超越了他的歷史使命。道理分析起來也很簡單，因為一個革命人物，在肩負使命以前，其思想行為無不是在群體中經過了長時間的醞釀的，他所看的，他所想的與群體沒有多大差異。不獨沒有多大差異，抑且常可見人之所不見、啟人之所未明；因此他才可以代表群體來興利革弊。然而一旦成功，這個原來在群體之中的革命者，卻成了脫離群眾高高在上的統治者，他的思想行為不但不再為群眾所左右，就是他的至親好友的意見與批評也難以入耳了。這時他的所行所為自然再難以符合群體的共同趨向，於是乎自然而然地成了歷史的反動者，只有等待新起的革命者來革他的命了。因此這種革命人物的交替現象，正如長江後浪推前浪一樣的自然，不管一個浪頭打得多麼高，總有落下來的時候。一個革命人物的歷史使命也自有其局限。使命一旦完成，這個革命人物的任務也就結束了。就是不自行引退，除了變成反動派走上為人所革的命運之外，實在沒有別的路子。我們看俄國的史達林，如果在二次世界大戰結束（或者更早一點）就壽終正寢，或是即刻把黨國大任交給比他較開明的下一代，不但俄國人少受些苦楚，他自

己也可能免受到鞭屍之辱。再看孫中山先生，有人惋惜他死得太早了些，今日看來，他死得過早可能比死得過晚要好得多，至少在歷史上使我們只看到他的正面的作用，沒看到他反面的作用。

　　過去在君主世襲的時代，能夠代表群體之「勢」的人物，不一定都有機會發揮其推動歷史的正面作用（這恐怕也可以列入中國所以數千年遲滯不前的原因之一）。但從一九一一年始，中國已進入了民國的階段。民國的特點之一，就是爵位不世襲，民選的官吏有一定的任期，目的還不是為了在民國之中應該給予那些能夠代表「勢」的人物推動歷史的前進。可是不幸得很，我們所看到的仍是上一輩的革命者對權位的戀棧不捨，終至在這超過了半個世紀之久的寶貴時光中，任由一、二人來操縱壟斷中國的命運，能說不是中國及中國人的大不幸麼？

　　因此使我們不得不追念張良式的功成不居的瀟灑態度。漢朝不因張良的引退而減色，中國也自會承擔得起任何偉人的夭亡。要知道，在這個世界上，沒有一個人是不可缺少的。張良畢竟是受過頗大的道家影響的參政人物，對自然律參悟得深透些，可惜這樣的人物並不多見。相反的，在歷史上卻充斥了超過其應盡的歷史使命的過氣獨夫。這些人本來也是些聰明人物，可是後來為權位利祿迷了心竅，竟連長江後浪推前浪的淺顯道理也看不明白了，終至不可避免地走上了反革命的道路，為世人所恨，為後人所笑！所以說「功名未就身先死」固然是歷史性的悲劇，「功名已就不知退」同樣也是歷史性的悲劇！

一九七二年三月十八日

原載一九七二年四月《展望》第二四五期

中國的家庭制度與衣、食、住、行

最近一百年間，中國遭逢前所未有的波蕩飄搖的變局，然而不管中國人民受了多少艱辛痛苦，也不管還有多少人在那裏唉聲歎氣，覺得中國前途無望，我們卻已經看出中國已經步過了危難的關頭。可見中華民族是堅忍的民族，是經得起考驗的民族。正因如此，生為這一代的中國人，應該對中國前途抱信心與樂觀的態度，而不應該灰心氣餒、悲觀絕望。

我們對中國的前途樂觀而具信心，並不是說就任其所之。所有作為中國人一份子，都有義務也有責任提出自己對國家前途的看法。

一、家庭制度

自經西方文明的衝擊之後，中國人的生活方式已經發生了很大的改變。要想再恢復鴉片戰爭以前中國人的生活方式，已經是一件不可能的事。其次，自中國共產黨統治了大陸以後，中國人的生活方式又發生了一次很大的變化。要恢復共產黨統治以前的中國人的生活方式，也是不可能的事。這就是說得承認歷史事實，從現階段的中國人實際的生活方式作為立論的出發點，來看今後中國人的生活方式如何。

中國本是以家族為本位的國家，家族是社會的基本組織型態，倫理是意識型態的上層建築。這種社會型態持續了至少已經兩千多年而無多大變化，應該說根深柢固，不可更易了。然而一經歐風東漸，即呈飄搖之態；再經共產黨的社會改造及思想改造，此兩千年之根基竟在短短的一個世紀間大致破滅。雖然像錢穆先生那一代人，仍然緬懷留戀於過去的大家庭制度，而訾一夫一婦的小家庭制為向外國學樣①，然而那種五世同堂的舊夢恐怕是一去不返了。馮友蘭在他的「新世論」一書中曾經指出：「在某種底生產方法之下，社會必須有某種組織，人必須有某種行為。」他這種立論，雖受到了梁漱溟先生的批評，但我們在接受梁先生所提出的例外情形之後，仍不能不承認馮氏的觀點大致不差。也就是說，即使社會組織與人之行為不能百分之百地為生產方法所決定，但生產方法對社會組織與人之行為能產生巨大的影響，卻是不容否認的事實。在共產黨當政已有二十多年的今天，生產方法與二十年前相比，可說有了天翻地覆的變化。固然生產工具的改進尚不夠普遍，但生產方式的改革則可說既深且巨。原則上私有財產制取消了，農業生產由以家庭為單位的小農經營轉化到合作制以及生產隊為單位的公社制，工業則以工廠制代替了原來也是以家庭為單位的手工業。再加上政治上運用下放、改造、硬性調派工作、開發邊疆等種種的手段，有意地摧毀家族制，不旋踵過去的大家庭被拆得七零八散。聚族而居，已經成了不可能的事情。代之而起的，只有一夫一妻跟其所生子女同居的小家庭制。

　　即使將來中國的領導層有所變化，恐不能再從社會主義的道路上扳回到資本主義的道路上來；也恐不易再恢復生產力的私

有財產制。與社會主義制度或國家資本主義制度相配合的家庭，當然只有一夫一妻的小家庭制度最為合宜。只要小家庭制度適合於今後的生產方式，便沒有理由否認小家庭制的優越性；更沒有理由以不合國情而想恢復聚族而居的大家庭制。因為今日的國情已非昔日的國情可比。

如果社會制度上所行的是社會主義，經濟政策上所行的是國家資本主義，家庭組織則是一夫一妻制的小家庭組織，那麼基本上中國今後的文化型態已與西方國家趨於一致。所謂全盤西化或部分西化的理論上的爭執，嗣後已屬多餘。

二、衣食往行

就衣著而言，大陸上的工作人員所著的中山裝或曰列寧服者，乃是一種中西合璧的產品。在臺灣及海外的華人，則早已西裝革履，全盤西化了。雖然有幾個元老過年過節時，還喜歡穿穿長袍馬褂，不過為了慰思古之幽情。其實長袍馬褂也不過是「滿人」的服裝，並非中國之故物。明朝以前的服飾，今日只有見之於舞臺，連愛發思古之幽情的元老也不敢輕易嘗試。可見衣著乃求其合宜。所謂合宜，就是方便、美觀；而審美的觀點則受時間因素所影響。我們不因今日中國人穿了西裝就否認他為炎黃子孫。

談到食，中國的廚術向稱在世界上首屈一指。但也並非絕無僅有，法國人也認為法國的廚藝在世界上無與倫比。如拿法國與其比鄰的德國相較，德國的飯食簡單得多，但卻特富營養，這也許就是德國人之體魄所以強過法國人的原因之一。中國之飲食所以精美，一方面自然由於高度文化之積累，但另一方面也不能

否認與歷來婦女的沒有社會地位，以及士大夫階級的崇尚享樂有關。中國的婦女被關在廚房裏，一關就是幾千年，宜乎有特出的創見與發明。

但是今日中國的婦女，已漸漸從廚下解放出來，過去無所事事的士大夫階級也變成了勞動人民，中國的欽食看樣子勢必會逐漸取簡樸之道。只要富於營養價值，簡單粗陋不成問題。如果有幾個國營飯館保持一部分優秀的廚師，使我國的廚藝不致中斷，同時使今後的勞動人民也有不時一快朵頤的機會，固然大好，就是我國的精美廚藝因社會的變動而失傳，我們覺得也沒有什麼可惜。只要想一想羅馬滅亡以前的官廷盛宴的情形，非但引不起人的食慾，倒會令人作嘔三日！

住的問題，今日的中國也漸與西方趨於一致。我以為這倒也並非一定是受了西方建築學的影響，經濟的社會的發展的影響恐怕更大。譬如說，現在的都市土地，不往高處發展，一定要蓋四合院能行嗎？公寓的形式，就是在西方也不是傳統的建築形式，而是在近代都市出現以後才有的。又譬如在歐洲，這個世紀以前的建築，多沒有浴室的設備，而今日沒有浴室設備的住宅建築可說絕無僅有，這可以說浴室是在歐洲人洗浴一事成了一種普及的習慣以後才為人重視起來。

中國人並不是一個不愛洗澡的民族，唐朝的貴妃出浴固然是著名的軼聞，在宋畫中我們也可以看到民間的洗浴圖。那麼說，即使不受西方的影響，中國人到了經濟條件許可的時候，也並非不可能自己設計出一套浴室設備來。所以說今日有人常愛把現代化與西化混為一談，是並不多麼正確的。不錯，現代化乃由西方國家啟其端，然而其他的國家早已為大勢所迫不得不跟上

去，現代化到了今日已成了一種共同的潮流，實難分西東之別。最現代化的建築，跟歐洲中古古堡的距離不會比跟中國古代雕梁畫棟的宮殿的距離更近。為什麼我們一定要把現代化認作是西化不可呢？

汽車、飛機、輪船都是西方國家的發明，可是今日世界各國均受其利。我們自然不可再抱著坐汽車就是西化的老觀念。西方也曾分享過我們祖先發明的指南針、造紙術、印刷術，我們對於他們發明的汽車，飛機、輪船，自可問心無愧地坐之享之。文化技術本來是沒有畛域的，也不應有畛域之別。焉知我們未來不會發明別的工具給別人一同分享？

中國未來在衣食住行上，一定不可避免地，也無須乎避免地朝著世界共同的大方向前進。這個共同的大方向，目前還是由西方國家領導著。我們覺得今日也無須乎視追隨此一大方向就是接受西方之文化侵略，或自視不如人。不妨舉兩個例子來說明這種事實。第一是巴黎的時裝為世界所共仰，巴黎時裝的新樣子一出，不但歐洲，遠至香港、日本、北美、中南美洲等，無不風行一時，這些個國家又何嘗受到法國一絲一毫的危害？第二是美國接受了英語為通用語，中南美國家除巴西外都接受了西班牙語為通用語，誰又能說這些國家仍是英國或西班牙的殖民地？或仍接受英國或西班牙一絲一毫的控制？要知道，文化之為物，實在是人類之共產。中國人常愛說「同化」二字，不過中國人常說的「同化」多半指以中國文化同化其他民族而言。我們請問：「為什麼談到同化別人的時候就眉飛色舞得意洋洋，談到為人所同化的時候就愁眉苦臉憤聲餒氣？」這倒是一種什麼心理作祟呢？

難道說世間就該天生地永遠由幾個民族去同化別的民族，而絕不可為別的民族所同化嗎？難道說非要由中國人來修身齊家治國平天下，才可以達到世界的大同嗎？我想在今日，至少在年輕的一代中，這種大國沙文主義，或民族本位主義的思想早已經跟不上時代，已經不能再為有識者所接受了。今後我們的路向捨與世界上其他民族的文化攜手前進之外，別無他途。別人有超過我們之處，我們不妨心平氣和地向人學習；我們有超過別人之處，別人也會一樣做。倘使一味故步自封，只有自絕於人類前進的洪流中。

原載一九七三年二月《明報月刊》第八六期

---

①見錢穆《史學導言》（一九七〇‧臺北‧中央日報社），頁五七。

正名與混水摸魚

名不正則言不順；言不順則事不成；事不成則禮樂不興；
禮樂不興則刑罰不中；刑罰不中則民無所措手足。

——孔子語錄——

故王者之制名，名定而實辨，道行而志通，則率民而一
焉。故析辭擅作名以亂正名，使民疑惑，人多辨訟，則謂
之大姦，其罪猶為符節度量之罪也。故其民莫敢託為奇辭
以亂正名，故其民愨；愨則易使；易使則公。其民莫敢托
為奇辭以亂正名，故壹於道法，而謹於循令矣。如是則其
迹長矣。迹長功成，治之極也。是謹於守名約之功也。今
聖王沒，名守慢，奇辭起，名實亂，是非之形不明，則雖
守法之吏，誦數之儒，亦皆亂也。若有王者起，必將有循
於舊名，有作於新名。

——荀子語錄——

因任而授官，循名而責實，操生殺之柄，課群臣之能者
也，此人主之所執也。

——韓非子語錄——

中國共產黨自建國以來，有一個大問題，可能是相當根本
的一個問題，迄未為人給予應有的注意。這個問題就是名實的問

題。我們常常感到共產黨在理論上有矛盾之處，在施政上也有矛盾之處，其實這種種的矛盾正是源自名實之間的不相符。名實不符，輕則可使刑罰不中，重則可使民無所措手足，不能不算一個國家、一個社會的大問題。

就理論上而言，資本主義社會，原則上是一個自由競爭的社會，也就是達爾文的自然進化論在人文社會中的一種延伸。強者富而貴，弱者貧而賤。強者的財富與地位受到政府與法律的保障，弱者如不自努力，只有等待自然消滅的命運。（自然資本主義國家現在也有所謂社會政策以資補救此弊。）社會主義與共產主義本是對弱肉強食優勝劣敗的達爾文主義的一種反對，企圖以人為的力量來改造這種自然界殘酷不仁的鬥爭，主要的目的乃在保證弱者的生存。所以強調一個「均」字，不管強弱，人人都須工作，人人都有飯吃。由此看來，社會主義、共產主義的理想都比資本主義的現實要人道得多。然而共產主義者在奪得政權以後，卻並不保證弱者的生存。在蘇聯，秘密警察對政治弱者的迫害是人所共知的。在中國，政治上的弱者，有的被扣上右派的帽子，有的給打入黑五類，有的下放，有的勞改，生存也不容易。所以達爾文的弱肉強食的理論一樣在社會主義國家中照常搬演。所謂共產主義的理想，並不能在實際的生活中反映出來。這是理論上名實不符處之一。

其次，馬克思在理論上認定了工人階級為一先進的階級，不但在階級鬥爭中是勝利者，而且工人革命之後的社會一定為工人所領導。我們知道馬克思的時代，統計學及社會實況調查都不曾發達，馬克思據以立論的資料是非常貧乏的。他這個理論與其說是一種科學研究的結果，不如說只是一種大膽的假設。一種假設，可以為小心的求證所證實，但也可以為小心的求證所推翻。

可惜的是馬克思本人對此沒有時間來做小心的求證的工作。馬克思本人雖然沒有仔細求證，後來的社會科學家卻在這方面下了工夫，批判了馬克思的立論。近世幾次重要的革命也並不曾顯示工人階級的先進性。（工人階級雖比農民先進，可是遠比知識分子及一般公務人員為保守。）所謂革命後的社會必定為工人階級所領導，也只不過成了一種眾所周知的想當然耳的託詞。因此在理論上，在名義上工人階級是先進階級，是領導的階級，實際上呢？工人階級既不是先進（美國的工人曾跟保守的勢力攜手痛毆先進的知識分子跟學生），也不領導，（在蘇聯、中國、東歐的社會主義國家中的領導層有哪幾個人是工人階級？）這是理論上名實不符處之二。

根據馬克思的理論，工人革命勝利以後，階級就不再存在了。然而今天在社會主義國家中階級鬥爭依然如火如荼。不過稱之為階級鬥爭的（例如兩條道路的鬥爭），事實上卻並不一定是階級的鬥爭，而真正由統治者與被統治者之間的矛盾而引發的新階級問題，卻又並不稱之為階級。這是理論上名實不符處之三。

唯物論，不用說是尊重物質發展的自然規律的。馬克思的理論之所以為人稱之為「偉大」，不也正是因為他把握了唯物史觀進而「天才」地「科學」地創造了馬克思主義嗎？然而共產黨卻常常不顧物質環境的限制，一味大倡人定勝天（這裏很明顯地人代表的是精神，也就是心，天代表的是自然，也就是物。）不是顯然地在強調唯心主義嗎？這是理論上名實不符處之四。

如果我們要繼續推求下去，恐怕還可以找出不少來，僅舉以上數條為例，現在再來看看在政府施政及實際生活中的名實混淆之處。

首先，中國政府的領導人，堅決地反對經濟上的利潤刺激而提倡為人民服務的精神，並進一步主張人民應「一不怕苦，二不怕死」，然而中國人真正就會、就應該對物質生活無動於衷嗎？即使如此輕視物質生活，那麼無產階級革命所為何來？改善人民的生活，難道不是革命的目的之一麼？事實上，人，中國人也包括在內，都有追求物質滿足的自然要求。在這種自然要求之前，卻硬要裝出一副無視物質的嘴臉，怎能不造成名實之間的乖離？而且那些嘴頭上反對利潤刺激的領導人，自己卻也並不漠視物質生活的享受，例如在文革期間經紅衛兵所揭發的政府領導人，像林彪、陶鑄等的生活情況就可見一斑。這不是明明地顯示給大家，利是可以取的，只是不要在嘴上說出來就是了。

　　其實，下放運動也是名實不符的例證之一。鄉村的生活明明比都市艱苦，卻硬說多麼美好。對下放的人員明明帶有懲罰的意味，卻硬說是一種自發自願的行動。到頭來，在人們的字彙裏自願跟被迫之間的涵義，便沒有差別了。

　　在政治鬥爭中，當一個領導人嘴上稱你為最親密的戰友的時候，他肚子裏可能立意要把你鬥垮鬥臭，即使同在一起革命了幾十年的老同志也在所難免。因此不會再有人把親密跟戰友這一類的名詞往真裏看。朋友跟敵人之間的意義也就模糊起來。

　　國家統計局的統計數字也常遇到以少報多，以無報有的事情。上行下效。起初，可能是為了宣傳，後來卻騙倒了自己，使上面執政的人根據不正確的數字訂出乖謬的方針。

　　實際上明明是領導人政策上的錯誤，名義上也可以指作是天災。於是天災跟人禍也就成了一而二、二而一的東西。

在六〇年左右連續三年大飢荒的期間，人民明明餓得兩眼發慌，兩腿發軟，然而一開起會來，大家都表現出一副溫飽的模樣，誰也不肯說自己肚裏是空的。這也可以說明人民是多麼習慣於運用名實之間的這種魔術。

文化大革命期間，所造成的名實混淆更為驚人。敵對紅衛兵之間，都可以互指為走資派、黑幫，而自稱為革命闖將。到底誰是真正的走資派，誰是真正的黑幫，誰是真正的革命闖將，只有天知道。到後來，連發動文化大革命的在位者也弄不清楚了。因此支左的可能反倒支了右；這所支的右事實上又可能比左的還要左。於是乎什麼左與右、革命與反動、正統派與走資派、教條與修正等等，都成了些全無事實根據的空洞名詞。打著紅旗反紅旗的事也就由此而生。

在這種名實乖離的社會環境中，人民只有一條路可走，就是不顧名實，不用思想，而只混水摸魚，摸著大魚的是僥倖，摸著小魚的也算運氣，連一條魚尾巴也摸不著的，活該！

文首引用了孔門的幾句話，倒並不是學時髦，非有所謂語錄在前，自己不敢置一詞，也不迷信孔門的權威，認為聖賢所言都應該是天經地義的真理；只不過是為了說明中國人自古就是一個非常重視名實問題的民族，在中國歷史上自然也免不了有虛偽奸詐，口是心非的社會現象，但執政者對此卻絕不公開地加以提倡。指鹿為馬的事畢竟是絕無僅有的特例。因此中國過去的社會雖有種種的毛病，但執政者對循名以責實這一點卻不含糊（程度上容或有參差）。今日名實之如此混亂，實在是中國歷史上少有的現象。

如果我們把以上所舉的事實，當作一種社會現象來研究，我們可以尋出種種的原因，例如東西文化的衝擊、新舊交替的矛

盾、人民教育的不足等等。這些可能都是真正的原因，但卻不能因此就可以脫卸當政者應負的責任，特別是在中國這樣一個上令下從、上行下效的國家裏。

　　名實的問題本來只是一種約定俗成。（荀子言王者制名，乃古人對無論甚麼發明權都愛託之於權威之故。）譬如說先人把一種家具叫作「桌子」，我們一聽到「桌子」之名，馬上就知道說的是那種家具。要是先人原把這種家具叫作「椅子」，那麼現在我們一聽到「椅子」，也就知道說的是桌子的那類家具。這就說名實之間的關係。那怕本來是顛倒了的，只要一旦約定俗成，也就沒有甚麼關係。好像來去的「來」字，在遠古本來象麥之形，是「麥」的意思。「麥」字中的「夊」象足之形，有「行」義，「麥」才是今日來去的「來」字。然而既然早已顛倒了，也就用不著硬要根據訓詁學再把它們顛倒過來。所以可知這種名實問題是在民間自然形成的，當政者的任務只是循名以責實罷了。不過經過一場革命運動以後，政治制度、經濟形式都有所變革，自然不能阻止新名的出現。這也正如荀子所說的「若有王者起，必將有循於舊名，有作於新名」。有新「名」，必有所謂新「實」與之相應才可。譬如說近年來「走資派」一名叫得震天價響，然而甚麼才是「走資派」之實呢？如說劉鄧的路線就是「走資派」之實，那麼我們把當日劉鄧的路線跟今日毛周的路線比一比看，要是大體上差不多少，是不是也該把毛周叫作「走資派」呢？又如在文化大革命期間，把某些鬥垮鬥臭的老共產黨員稱之為「叛徒」，「內奸」等。然而甚麼才是「叛徒」、「內奸」之實呢？據紅衛兵翻出的黑資料說，這些人都跟國民黨發生過關係。有的坐過國民黨的監牢、有的向國民黨遞過悔過書、有的跟國民黨有過來

往，因此該冠以「叛徒」、「內奸」之名。現在我們要問：是不是凡跟國民黨發生過關係的共產黨員都該叫作「叛徒」、「內奸」呢？如不是，那就叫人摸不著頭腦。這就好像是人民本來把桌子叫作「桌子」，有一天人民把跟桌子一類的東西叫作「桌子」時，政府卻趕忙制止說，這不是「桌子」，這是另外一種東西。如果繼續做為另外一種東西也倒罷了。可是一轉眼又變了名堂。真是如孫悟空的七十二變，叫人眼花撩亂，宜乎人民瞠目不知所從了。

我們上文說過造成這種現象的原因很多，不過其中有一個相當重要的政治責任，不該忽略過去，這就是中國人今日「立人極」的政治手段。本來立人極正是中國傳統的政術。過去封建時代，皇帝就是人極，皇帝本人是超出於法律之上的，皇帝的一言一行就是法律。在人類歷史的演進上，在法律足以有效地成為人所共認的維持社會秩序的客體之前，這種立人極的政術尚不失為一種奏效的手段，然而我國早已在一九一一年完成了政治革命，推翻了數千年來的專制王朝，又經一九四九年所謂的社會革命，進了入社會主義時代，為何還要沿襲這種封建透頂的「立人極」的政術？當然我們不能忽略了我國全體人民在政治思想上的落後性，我們在社會制度上的封建性。不過從事領導革命的知識分子（今日政府的領導人）在政治思想上卻不應、也不能跟廣大的群眾一樣落伍的！何以領導層竟全沒有做出一點扭轉這種封建落後趨勢的努力，反倒推波助瀾，把中國人民朝歷史反動的方向帶領？毛氏可能是一個封建意識相當濃厚的人（從他的詩詞中可以看得出來），不過他總是經過革命的洗禮與鍛鍊的。我們不敢相信那些肉麻萬分的口號諸如四個偉大、「人民的紅太陽」、「爹親娘親沒有毛主席親」等乃出自毛澤東本人的示意。不用說，這些無非都是他左右希旨的媚臣

的傑作。我們知道，就是在真正的封建時代，像漢初的宮廷，功臣們尚有拔劍擊柱的豪氣。歷代更不乏敢於以性命直諫的梗臣。為何到了社會主義的時代，有的只是希旨諂媚，反倒不見一個敢於挺身而出的響噹噹的漢子？這不是奇事麼？難道說中國人真的退化了麼？結果今日「人極」是立成了，中國人民落後的政治意識是暫時滿足了，在政治建設上卻把中國拖後了至少一百年！

「人極」的建立與名實之間有甚麼關係呢？回答是關係非常之大。我們應該知道，人本來就是一種情感、欲望與理性交雜的動物，就是人極也不能例外：絕不會像客觀的法律一樣，只代表理性，卻沒有感情跟慾望在內。所以中國歷史上的人極是有所限制的。不但有宰相制度予以制衡，而且另外還有諫官，立意要把人極的感情跟慾望的成分減到最低的限度。所以魏徵對貞觀之治的貢獻不在唐太宗之下。然而，誰是今日的魏徵呢？誰是今日的諫臣呢？結果只有人極而無所限，就只有任其情感與慾望的成份隨意泛濫。今日可以指鹿為馬，明日脾氣變了，又可指馬為鹿。左右的媚臣則只有唯唯諾諾，不敢置一辭。永恆的紅太陽還能有錯的嗎？如此之迷信真是比之於封建的帝王時代猶有過之。在這種情形之下，「名」不出於民間的約定俗成，而來自「人極」一時之喜怒，欲循「名」而責「實」，何可得邪？

名實一日不清，則徒見空洞的教條，不見實際的是非。是非一日不明，則人民只有趁混水而摸魚。在一個混水摸魚的社會中，期望實現民主政治，不是等於緣木求魚嗎？

這種情形實在不能長期地繼續下去。我們只有寄望於未來中國的領導人，敢於面對現實，擺脫教條主義，破除迷信，不再繼續自限而限人，自欺而欺人。馬克思、列寧的時代已經遠去

了，毛澤東的時代也將要過去，未來的時代應該是屬於中國全體人民的。馬克思、列寧主義，替蘇聯贏得了革命的勝利，蘇聯人應該感謝，再加上毛澤東思想，又給中國帶來了革命的果實，中國人應該感謝。然而感謝之情並不意味著得做他們的奴隸。蘇聯早已修正了馬、列主義，中國也正走上了修正的道路。要知道社帝的罪過並不在於修正教條，中國又何苦實際上自修不已，名義上卻去痛罵他人修正呢？

要想真正從教條的羈絆中掙脫出來，恢復名實合一，是是而非非，唯一的方法恐怕就是開放學術研究的自由，特別是對人文社會科學的研究。不是只在名義上，而同時得在實質上真正做到百花齊放、百家爭鳴的地步。實際上，真欲獲得馬克思理論的精華，非經過百家爭鳴式的客觀的科學的研究與批判不可。對毛澤東的思想也是一樣。毛氏對繼承傳統的歷史文化及吸收外來的文化，不是都主張批判的接受嗎？如果他這話有幾分普遍性，自然也可以用到他自己的身上。否則的話，那是把馬克思的理論、毛澤東的思想糟蹋了，其中的精華好處，恐怕要白白地送給那些具有學術研究自由的資本主義國家了。

先有了百家爭鳴，教條也就會不攻自破。不然，中國人只有注定了在馬克思、列寧主義、毛澤東思想的桎梏下，永世不得翻身。那也就不是革命的初衷了。

教條主義一旦解除，人極的現象一旦傾倒，名實又重新回到民間的約定俗成，那時候民主政治才能有些希望。

一九七二，五，二十一

原載一九七二年七月《展望》第二五〇期

公社、家庭、社會

前言：我不想寫一篇論文，只想寫一點感想。我覺得在《南北
　　　極》連載的竹內實的《茶館》（即《中國的心和貌》）所
　　　採用的對話的形式很好，既能討論問題，又沒有學院氣的
　　　那種道貌岸然，值得模仿。這篇感想，也用甲乙二人對話
　　　的方式來寫。甲暫訂為在加拿大的歐洲移民，這樣他既瞭
　　　解一點歐洲的社會，也瞭解一點北美的社會。乙是華僑，
　　　應該對國內國外的情形都略有所知。二人碰到一塊，就聊
　　　起來也。

甲：聽說貴國的人民公社辦得很有苗頭！

乙：可不是嘛！可是開始建立的頭幾年，也是困難重重。在國外
　　報紙上看到的，都是些洩氣的話。不是說破壞了中國傳統的
　　家庭制度啦，就是說奴役了中國的農民啦！有的說辦得過早
　　啦，有的更說在中國───一個以一盤散沙著名的國度，一個
　　以家族意識特別濃厚著名的國度───辦人民公社根本就不可
　　能，真是發瘋！那時候我自己也覺得中國當政的人膽子實在
　　太大，怎麼竟敢把中國幾千年的歷史傳統、社會制度，一下
　　子就給敲碎啦！

甲：其實也並沒有敲碎吧！美國不是有些學者就主張，中國雖然經過了一場天翻地覆的革命，中國的傳統精神和社會的規制基本上都保留了下來。有的竟稱，現在的政權也不過是另一次王朝的再現。你的看法如何？

乙：我想這個問題要看你從什麼角度來看。一個民族、一個文化，不管經過多麼激烈的革命，總有些基本的東西保留著。中國可以發展，可以改變；但變來變去只是一個更新了的中國，卻不會變成西方國家。所以就這一點來說，特別是由外國人的眼裏看來，中國仍是中國。不過以一個中國人的眼光來看嚜，中國確是經過了一次大蛻變，有些固有的東西故意拋棄了，或自行衰亡了；有些新生的東西，是中國歷史上從來不曾有過的。譬如人民公社，真是一種嶄新的社會與經濟組織形式。在中國的歷史上只有大地主的「莊園」和小自耕農的小塊土地，從沒有過這種集體生產的方式。我想中國這次的大變動，主要的也是受了西方文化、西方社會制度的衝擊與啟發。

甲：說的也是。西方自工業革命以來走的就是集體生產的道路。所不同的是西方的集體生產主要是用在工業上，開始的時候沒有用在農業上。雖然資本主義國家與社會主義的中國，在生產關係上大不相同，但目的卻是一致的，都是為了增加生產。也許資本主義國家中的資本家沒有中國人那種「為人民服務」的高尚情操，但是他們也不全是吸血鬼似的惡魔。在資本主義發展的初期，大多數的資本家都自奉甚儉。馬克斯・韋伯（Max Weber）在他那著名的《基督教倫理與資本主義之精神》（*The Protestant Ethic and the Spirit of Capitalism*）一書中就認為資

本家的拚命累積資本，增加生產，甚至於利用剝削的手段也在所不惜，並不是為了個人的享受，而是為了完成上帝的使命，基督教的精神跟你們中國道家的精神相反，是主張有為的。只有盡量發展自我的天賦，才符合上帝的意旨。

乙：現在西方的資本家可是揮霍無度，浪費得很呢！你不見逝世不久的船業大王歐納西斯跟美國甘迺迪總統的遺孀所乘坐的遊艇是何等的豪華！聽說在美國的大都市中，像紐約、洛杉磯這種地方有十幾、二十幾美元的狗餐。要說現在的資本家不追求個人享受，鬼也不信！不知道這是不是意味著西方的上帝已死，基督教精神的衰亡？

甲：也許是的吧！西方人的道德感全繫在基督教上，沒有了基督教，也就沒有了道德的準則。不過這只是一方面。另一方面也是社會制度的問題。西方的私有財產權是非常神聖的。只要是你的私產，你就可以任意揮霍，他人、社會均無權干涉。所以在西方，金錢就是力量。這跟在某些社會主義國家中，權力就是力量的情形差不多。有權力的人可以任意揮霍，他人和社會能夠干涉的力量也極微。

乙：不過有些人極有道德感與自我約束的能力。

甲：光靠個人的道德感與自我約束的能力是不夠的。應該有一種制度……

乙：我同意你的意見，是應該有一種制度。我覺得人民公社就是一種可行的制度。譬如說在公社中黨書記的職權很大，但是如果他要不走群眾路線，社員一樣可以貼他的大字報，造他的反。生產小隊長的職權也很大，但是他卻也要靠工分吃飯，他沒法子揮霍別人的勞動成果。

甲：我覺得公社的社會意義還不完全是一個經濟的問題，也就是說還不完全在於取消剝削和被剝削的界線。而另外有一種社會心理的需求。我們歐洲人本來也是集體主義者。我們也有過大家庭，教堂的組織是另一種集體主義的表現。可是隨著工業的發展，個人漸漸形成了生產與消費的單位。那麼個人主義也就漸漸取代了集體主義的精神。葛雷特勒（Armin Gretler）和曼都（Pierre-Emeric Mandl）有一本書叫《瑞士社會的價值、傾向及其他》（*Values, Trends and Alternatives in Swiss Society-A Prospective Analysis*）對瑞士社會的這種演變有很好的分析。個人主義極端化的結果，不但給社會帶來了問題，也給個人帶來了問題。譬如在美國和加拿大這樣工業先進的社會，個人在社會中非常的孤立與寂寞。大家庭在這種社會中自然早已絕跡，小家庭也幾乎不能繼續維持。只要看看離婚的比率，就知道其嚴重性。

乙：有人告訴我在北美三對夫妻中有一對離婚的。

甲：我手邊沒有資料可查，我想也差不了多少。要是再算上分居而尚未離婚的，恐怕比率還要大。就拿我個人的經驗來說，在朋友中結婚十年以上還繼續同居的簡直很少。過去是離婚的人叫人覺得稀奇，現在是不離婚的人叫人覺得稀奇了。

乙：那麼這樣演變下去，勢必要變成沒有家庭的社會。

甲：家庭還是有的。離了婚，再結婚，還不是又組織成一個家庭？只是沒有固定的家庭罷了。一個人的一生，可能要經過四、五個不同的家庭。譬如說，在成年以前，自己的父母要結過兩次婚，就經驗到兩個不同的家庭，結過三次婚的，就經驗到三個不同的家庭。將來自己所組的家庭數目跟結婚的

次數也成正比。在這種環境中，人與人的關係變得越來越淡，情感越來越薄。在社會中，好像除了自己以外，誰都不是可以倚靠的。到最後連自己也不是可以依靠的，因為自己也是一個寡情的人。不管人的身體與智力發展得多麼好，人的情感的發展卻越來越貧弱，這總難以達到一種完美的人生境界。

乙：你這一說倒使我想起來，聽說在西方社會，近幾年也有公社的組織，是不是？

甲：你說以色列的集體農莊，還是蘇聯的Kolkhoz？

乙：不是！我是說在西方資本主義社會中，好像也有些公社性質的組織？

甲：你是說年輕人所組織的合作社或公社一類？

乙：是的。你知道那是種什麼性質的組織呢？

甲：這些年輕人的組織，雖然也掛著合作社、或公社的招牌，其實絕不能與中國的人民公社相提並論。因為這些組織，多半只限於集體的消費，而不行集體生產，同時規模很小，組織也不穩定。

乙：可是在一個以個人主義思想為主導的資本主義社會中，居然有這種自發性的集體主義的組織出現，我覺得不能不算一件大事。這種現象雖然並不一定象徵著西方社會有甚麼重大的轉向的可能，但至少卻透露出目前西方社會所存在的某些問題，也啟示出一些可能的解決之道。

甲：哎呀！你這是很樂觀的看法。我看，這個問題是相當複雜的。因為這不是一個經濟的問題。剛才我剛剛說過，西方一方面遭受著個人主義極端化的威脅，另一方面卻也有一種社

會階級意識的覺醒。工業先進國家的貧富懸殊不像第三世界中某些國家那麼尖銳，但社會地位的不平等卻是一樣的嚴重。就拿美國來說，少數的黑人被輕視，沒有平等的政治權力與社會地位，這是人所共知的事；婦女之受壓迫，沒有平等的待遇，卻常常為人忽略了。直到最近幾年，婦女解放運動大鬧起來，大家才逐漸認識到問題的嚴重性。平常，你們看西方人對婦女又是脫帽，又是讓坐，好像招呼得無微不至。其實這都是表面文章，骨子裏是看不起女人，欺壓女人的。你不看在社會上的職業分配：主管是男人，秘書、打字員是女人；醫生是男人，護士是女人；教授是男人，助教是女人。就是女人獲得同樣的職位，做著同樣的工作，也是同工不同酬。此外，社會中的少數，譬如宗教信仰方面的少數，同性戀者的少數，都受著不同程度的歧視與壓迫。

乙：婦女解放運動、同性戀者的解放運動在北美不是鬧得很厲害嗎？

甲：是呀！不過這只是開始呀！還沒有引起社會上什麼重大的變動。守舊的人仍然很多，人們的成見仍然很深。不過年輕的一代象徵著社會變革的一種新生的力量。有些年輕人組織公社，試行集體生活，並不全是為了標新立異。一方面是為了本身的需要，一方面也是有意識地做一種社會改革的大膽嘗試。只可惜對社會的影響仍然很小。

乙：有開始就是好事，有開始就有發展。星星之火可以燎原嘛！你知不知道這些公社的實在情形？

甲：多少也知道一點。我有幾個朋友都參加過公社的，現在也有朋友仍然住在公社裏。據我所知，西方資本主義國家中所出

現的這種公社組織，跟中國的人民公社的源起很是不同。中國公社的建立源起於對生產關係與生產方式的調整，著眼在經濟制度的改造，對不對？

乙：大概差不多。如果有社會性的變革，那是由經濟制度的變革所引起的。這也符合馬克思的理論。

甲：西方的公社則源起於對小家庭制度的反抗，是與性解放運動相結合的，著眼於社會制度的改造。這類公社，好像最早在六十年代初期出現於北歐，特別是丹麥與瑞典。後來漸漸波及歐洲其他國家及北美諸國。丹麥的幾個群婚公社，十幾年前曾經在歐美的報章雜誌上喧鬧一時，成為記者們爭相採訪的對象。想你也許在報紙雜誌上看見過？

乙：是看見過。好像在法國的《新觀察者》（Le Nouvel Observateur）雜誌上有過專文報導。所以我才想起問你這個問題。不過所謂的「群婚」到底是什麼意思？是不是算對偶婚外的一種新形式？

甲：也可以這麼說。但其實「群婚」這個名詞是新聞記者弄出來的。他們公社的社員並沒有採取傳統結婚的手續與形式。他們只是結合幾個意氣相投的不同性別的朋友，共同生活而已。

乙：這已經是一種大膽的嘗試，因為這不但關係著個人的終身問題，同時也極易引起社會上其他人的歧視與干涉。

甲：可不是嚜！所以在開始的時候他們連房子都不容易租到。你想誰願意把房子租給這種在一般人眼中看作是喪德敗俗的人？後來他們只能在偏僻的郊區買下沒人要的破房子，最好選擇沒有近鄰的地點，以免影響了正常人的「正常」生活。

乙：你想這樣的生活方式，是不是比對偶婚的更為快樂與合理？

甲：這就很難說了。這種「群婚」形式的出現，是對「對偶婚」的一種反動。「對偶婚」的最大缺點是原則上規定兩個人廝守終生。這對於天性本非「對偶」的人類來說是非常困難的。這也就是為什麼不同的文化有不同的解決之道。有的允許一夫多妻，有的允許一妻多夫，有的允許雜交，有的允許離婚，北美現在除了離婚之外，還實行半公開的swinger以作補救，你就知道「對偶婚」多麼難為。其實在人類發展的歷史上，真正實行「對偶婚」的可說是鳳毛麟角。在理論上說，婚姻制度的目的，並不在傳宗接代。沒有婚姻制度一樣可以傳宗接代。婚姻制度的最主要的目的還是在豐富人生。一個人的生活是乾涸的。人需要與他人的彼此交換與彼此扶持。「對偶婚」保證了兩個人之間的彼此交換與扶持，卻同時排斥了對對偶以外的別人交換與扶持的可能。「對偶婚」與「小家庭」制度的極度發展，就是把兩個人從社會中、從人群中孤立起來，隔絕起來。到了最後，兩個人會忽然發現竟像兩隻囚在籠裏的困獸，彼此面面相對，已到了無可交換的乾涸境地。這恐怕算不了是完美的人生。

乙：人生本來就不是完美的嘛！

甲：可是人總是追求完美的動物。一方面人是守舊的，就像你所說的用「人生本來就不是完美的嘛」這句話來安慰自己；但另一方面人又不斷地追求革新，尋求其他的可能。「群婚」就是在這種情形下的一種探索。據我所知，參加共同生活的成員先有一個約定，就是在大組織中，不能容許小團體。譬如說五男五女同居，在原則上彼此應該一視同仁，不能在中

間鬧「對偶」，一鬧對偶，就影響了組織的融洽。如果有了孩子也是集體的，男社員都是父，女社員都是母，責任大家一齊來負。

乙：像你說的這樣，實行起來，恐怕有許多困難吧？

甲：那當然。首先社會的立法是建立在資產私有、一夫一妻制的基礎上，這樣的組織不但沒有法律的保障，反足以引致法律的干涉。在社會上到處碰壁自不待言。第二，在大組織中鬧小團體也是不可避免的現象，一鬧小團體，就不能在大組織中繼續待下去。所以這種組織的穩定性很成問題。這也就是為什麼這一類組織並不很多。

乙：那麼，除此之外，還有沒有別的形式的公社組織？

甲：當然有。最常見的有三種：第一種是幾個不同性別的未婚朋友組織起來共同生活。這種組織不像群婚式地對性關係加以限制，而是各隨己便，在組織內可合可分，有較大的迴旋的自由。但這種組織多半是短期的，最後終以各自的「成家立業」而結束。第二種是同性戀者所結合成的團體。我們知道在北美婦女解放運動的成員多半是同性戀者，其實男性的同性戀者可能更多。金賽的報告說，在美國的男性有一半在人生的某一時期都有過同性戀的經驗。真正同性戀的實行者，在北美據不同的社會調查，約佔男性中的百分之十到十五，女性中的百分之五到百分之七。平均佔人口中的百分之十是沒有問題的。也就是說在二百萬人口的一個都市中，最少有二十萬是同性戀者。這個人口數字不能說是不重要的。同性戀者當然沒有傳宗接代的問題，對目前的人口控制貢獻很大。有的同性戀者也實行「對偶」同居。但同性戀者並不像

異性戀者要求對方忠實，所以同性戀的對偶更不易持久。因此有些同性戀者喜歡組織一個較大的團體來共同生活。其中對偶不對偶也各隨己便。主要的目的還是在心理上的認同與彼此安慰，因為生活在一個以異性戀佔多數的社會中，同性戀者所遭受的歧視與心理壓迫非常之大。不過，近幾年，在北美由於一些年輕的積極分子的努力與勇氣，同性戀已漸漸為社會所容忍、所接納。甚至於有些父母也出面支持兒女同性戀的行為，參加同性戀者的示威遊行，在電視上大喊以有同性戀的兒女為榮。議員與總統候選人也在拉同性戀者的選票了。

乙：可是同性戀者的行為，破壞了傳統的家庭，我們中國的社會最不能容忍。

甲：你認為人民公社的建立對中國傳統的家庭制度就毫無影響嗎？

乙：影響是有的，但基本上中國的傳統家庭制度反倒因人民公社的建立而保持下來。

甲：那你這倒是新見解了。一般人均認為人民公社破壞了中國的傳統家庭制度。

乙：那是只知其一。不知其二的看法。你是歐洲人，你應該知道，歐洲過去的大家庭制度是怎麼破壞的。我想改變歐洲的傳統社會組織的是工業革命，與繼之而來的工業化。歐洲工業化的路子是資本集中，生產地點集中，也就是大都市的興起，從事工業生產的職工，一方面由分散的農村向大都市集中，一方面又隨了新興工業點而轉移。在這種情形之下，傳統的較大的家庭制度是不可能的，只有小家庭制能夠適應這

種新興的環境。中國若走同樣的工業化的道路，也就是說盡量把工業集中在幾個大都市中，不發展地方工業。那工業化的速度一定要比目前為快，然而從長遠的發展來看，會帶來歐美先進工業國家同樣的惱人的問題：第一是環境的污染問題，第二就是傳統社會組織的摧毀。試想大量的農民向都市集中，人口隨工業點轉移頻繁，是否能保有中國的傳統家庭制度呢？我想是不能的。人民公社建立以後，就確定了發展地方小型工業的原則，不但農村人口不會流向都市，都市的過剩人口反倒可以放到農村。中國的農村人口不會流徙他鄉，家庭的組織形式雖稍有變動，人倫的關係卻得以保持。馬倫・勒維（Marion J. Levy）在《現代中國之家庭革命》（*The Family Revolution in Modern China*）一書中很肯定地認為中國家庭制度，必將不可避免走上西方家庭制度的路子，看樣子他是錯了。

甲：勒維是社會學北美學派的祭酒伯爾森（Talcott Parsons）的學生，伯爾森就是持這種看法的。其實又何止幾人持這種看法，又何止對中國一國持這種看法。歐美的社會學者不少都帶著些殖民主義的臭味，認為其他國家在社會的演進上必將步上歐美的後塵。因為他們腦子裏先裝有了歐美是先進國的成見，好像除了歐美的路子，人類社會就無路可走似的。

乙：這還不是你們歐洲的老傳統嗎？達爾文已經決定了物種進化的程序，被人稱作社會的達爾文主義（Social Darwinism）的奠基者斯賓塞（Spencer）不是已把歐美的社會組織放在人類進化的尖端了嗎？其他的社會只成了歐美社會的歷史投影，不是原始，就是停滯不前，總之都不及歐美進步。連馬克思

也沒有脫離這種影響呀！他不是也把人類的進化看成單線的發展嗎？他不是也認為無產階級革命應該先發生在工業先進的國家嗎？這正像陶瑪斯‧孔（Thomas S. Kuhn）所說的，跳出一種科學思想的模式（paradigm）是多麼難啊！

甲：可是現在歐洲有些自然科學家和社會科學家的思想漸漸起了變化。你看過法國一位著名的生物化學家，曾經得過諾貝爾獎的那位惹珂‧莫諾（Jaques Monod）的書嗎？

乙：沒有啊，是什麼書啊？

甲：書名叫做《偶然與必然》（*Le hazard et La nécessité*）。他認為物種的變化基本上並非如達爾文所想的那般物競天擇，優勝劣敗，適者生存，而是由於變種。變種在自然界是一種偶然的現象。但在物種進化的長流上看來，這種偶然的現象「又是一種必然的現象。不知道我說得你明白不明白？

乙：明白是明白，不過偶然之中怎麼又有必然呢？

甲：我舉一個簡單的例子來說明。譬如說都市中的車禍是一種偶然的現象。早上開車出去，誰也不敢說會不會撞車。但在一個大都市之中，每天必定有幾起車禍發生，這是常規，要是居然沒有車禍發生，那才是反常呢！這就是所謂偶然中的必然。

乙：那我明白了。

甲：莫諾認為物種的演化也是這樣子。新的物種產生，是一種偶然現象，但必會有新物種產生卻是一種必然的現象。所謂優勝劣敗，只是一種對結果的判斷。

乙：對！好像我們中國人所說的「勝者為王，敗者為寇」，也是一種對結果的判斷。

甲：所以說勝的不一定是真優，敗的也不一定就是劣種。自然界的新品種是生生不息的。生物學家常常發現昆蟲的新品種，魚類的新品種，甚至於動物的新品種。我想有些很可能並不是對已存品種的新發現，而是地地道道的新生品種。

乙：很可能是這樣子。這麼說來，自然界是被一些偶然的現象支配著。

甲：在某種程度上，可以這麼說，所以我以為莫諾的看法雖然沒有完全推翻達爾文的理論，但至少對達爾文的理論做了有力的補充。所以就現代人類學與社會學的觀點來看，認為人類社會是單線的發展，實在是出於西方人的主觀願望，並不是科學的真實。

乙：這麼說，西方國家實在不應該向所謂「落後地區」推銷他們那一套所謂的先進的方法。應該容忍不同的文化與民族，發揮自己的獨創力，順著自己的方向去發展。

甲：在這一點上，你們貴國做得很不錯，有許多是值得我們西方人學習的。

乙：可是也有些中國人不是這種看法，認為西方國家是先進的，要想自救救國，非全盤西化不可。不知檢討別人的錯誤，一味亦步亦趨地跟在別人屁股後頭跑，為一時的繁榮假象弄昏了頭，還洋洋得意，自以為得計。說句不客氣的話，這真是愚蠢。後進的便宜處，就是有前車之鑑，不再蹈別人的覆轍。話扯得太遠了，你剛才說西方有三種形式的公社，你只說了兩種，還有一種是什麼？

甲：還有一種就就是由已婚夫婦所構成的組織。你知道在西方的社會，特別是在大城市中，一對已婚夫婦，遠離了自己的父

母親友，等於是陷在一個陌生人間的洞裏。連左右鄰居也不認識，自然更談不到往來。短時間還無所謂，如果一輩子這麼孤立下去，實在不是滋味。因此有些年輕的夫婦約幾對談得來的好友，組成一個公社，一方面解決了孤立的寂寞，一方面也比單獨生活經濟實惠。這種已婚夫婦的公社，一般的設想大概有兩種不同的形式：一種是特建一種房屋，中間隔成數個小型的公寓單元。每家有自己的臥房、浴室和一個小廚房。另外有共同的大廚房、食堂，起坐間和兒童遊戲室。這樣進可攻退可守。要想關起門來過日子也可，要想大家一起吃飯聊天也可，這等於是大圈圈裏又畫出幾個小圈圈。另外一種形式是以個人為單位。每人有一個臥房，其他的設備都是共用。夫婦分房合房一如君意。

乙：這裏我不明白，既是已婚夫婦，為什麼還要每人一間臥房？

甲：這是因為這種形式公社的成員思想都是比較自由的。組織這種公社的目的之一就是為了解決一夫一妻制所不能避免的性厭惡的問題。心理學家和生理學家都可以告訴你，一個人對另一個人性的吸引力是有時間性的。短的可能短到一天半日、長的也難以超過十年八年。與沒有性的吸引力的人發生性行為，不但不是一種樂趣，而是一種苦刑。有很多人嗜酒，就是對性的一種逃避。

乙：我們中國人那麼喜歡打麻將，一坐下來就是半天，可能也是一種對性的逃避吧？

甲：那你要去問喜歡打麻將的人。所以為了解決這個問題，又希望能夠保持夫婦間的長久關係，那麼夫婦中間就應該彼此容忍性行為的自由。每人有自己的臥房，就是為了這種方便。

乙：那參加這種公社的人，得有點超人的道德修養才成。一般已婚的夫妻，特別是我們中國人，太太若不是醋罐子，丈夫就是醋瓶子。要是不幸醋罐子碰上醋瓶子，對象跟異性說句話、飛個眼都覺得老大不舒服，要是一人一間臥房，那不打得頭破血流才怪！

甲：那要看每個人的觀念而異。要是把配偶看成自己的所有物，那當然是不能容忍的；要是把配偶看成一個有人格有慾望的人，因為愛情就更加尊重對方的人格與慾望，那就不至於有這種問題。

乙：聽你的口氣。你大概是主張性解放的吧？

甲：那要看從哪種意義上來說。性在人生中是一個非常重要的課題。家庭的基礎就是建立在性關係上。如果說沒性關係，也就沒有家庭。可是性從人類有歷史以來，一直包裹在一種神秘的外衣裏。直到弗洛依德的理論出現，人們才開始正視這個問題，才不再兀自在神話裏兜圈子。所以沙特曾言，近代有兩個對人類有貢獻的偉人。一個是馬克思，一個是弗洛依德。馬克思幫助我們認識了社會，弗氏幫助我們認識了人。如果你把馬克思跟弗洛依德結合起來看，你就看出性也成為一種有階級烙印的剝削工具。富人剝削窮人，男人剝削女人，都有性的問題在內。只要求社會解放，而沒有性的解放，那仍是一句空話。

乙：在中國社會革命的初期，本來是與性的解放運動相結合的。那時候好像有人提倡過「一杯水」主義。不過這一杯水主義很不合具有儒家思想的道學家的口味，當時受到種種的歪曲與污蔑，完全沒有人注意到是否也有其嚴肅的一面，終於笑話似地湮沒在中國革命史的殘灰中。

甲：「一杯水」這個詞也的確聽起來太放肆了點。

乙：「一杯水」是有它簡單放肆的一面，但是也可以說它的主旨是對中國傳統禮教的一種反抗，企圖把「性」從神話邪說中解放出來。中國原來似乎不是一個對性像後世這般禁錮的國家，在詩經、楚辭及稍後的古詩歌中就有對男女關係比較健康而生動的描寫。大概中國人對性採取假道學的敵視的態度，是在宋明的程朱陸王的新儒學興起之後。有明一代那些成筐成捆的色情小說的出現，就十足反映了當時的人那種不健康的心理。中國人體質的衰微恐怕也由此而起。

甲：很少人注意到性與體質的關係。你這一說倒使我想起來，北歐人的體質較中歐、南歐為佳，北歐人正是對性比較開放的民族。北美人與歐洲人的比較也是如此。還有一件很有意思的事。法國和英國都有不少終身不嫁的老處女，這些老處女不但態度與一般婦女不同，體質也有異。看起來遠不及一般婦女體態之豐盈與神情之爽朗。

乙：那是當然。對性的禁錮與壓抑，正如一朵花不曾開滿就凋謝了。中國人就有很多是不曾開滿的花。

甲：你們中國人是一個講倫理的民族，大家族的觀念太深，性的開放可能對家族的關係是一種威脅。

乙：我想問題並不在此。像知書識禮的賈府尚免不了扒灰的扒灰，養小叔子的養小叔子，可見對性無論如何敵視與禁錮，仍免不了亂倫。

甲：性生活的不滿足對整個人格的發展是有很大的影響的。我常常懷疑社會上那些刻薄鬼、專愛找別人的麻煩，是否因為他們不曾有過愛人與被愛的經驗。所以我所謂的「性解放」並

不是放肆與胡為，而是著眼在改善人與人之間的關係。把性行為看作一種光朗的正面的美好的行為。使它從階級剝削中解放出來，從神話邪說中解放出來，從商業壟斷中解放出來，從黝暗的恐懼中解放出來，使它真正成為一種人與人之間溝通情愛的媒介。在享有性愛的時候，不帶有任何自卑、污穢與畏怯的情緒。經濟革命豐富了人生的「量」，性的解放則可提高人生的「質」。

乙：美國有一位教人類學的許烺光教授專門研究家族關係的問題，他說美國人與中國人最大的不同，就是美國人的一行一動無不與性有關，中國人則是一個無性的民族。他的話很接近於事實。中國革命以後，對性的禁錮似乎尤甚於過去。有一位朋友告訴我，在某一個生產大隊（同時也是一個自然村），人口不過一千多人，竟有四十多個二十八至三十歲的男光棍兒娶不到老婆。據說現在討一個老婆最少男方也得破費一千元人民幣，除了聘金以外，女方還要三轉（手錶，自行車、縫紉機）。比較窮的社員，或家庭成分不好的（譬如地主、富農的兒子），真不容易討到老婆。這說明了一個事實，社會主義革命並不曾改善了多少對「性」的剝削，愛情在婚姻中顯然還不曾扮演一個主要的角色。連帶也說明了一件事實，「性」與「愛」在中國人的生命中並不佔有重要的地位。像某生產大隊的情形，要是換在西方國家，一定會引起嚴重的社會問題。然而在中國卻是相安無事。那麼這四十個光棍兒定然幾乎是無性的人了。至少社會的壓力使他們變作近於無性的情況。沒有性慾、沒有情愛的夫妻生活，對子女會有什麼樣的影響？這樣一代一代的傳不

去，即使可以豐衣足食，中國人的心態又會演化成一種什麼狀況？

甲：可是解放以後，中國所頒佈的新婚姻法就是保障戀愛自由與婚姻自主的。

乙：在婚姻自主方面是有很大的改進。童養媳，出賣女兒的情形是不見了，父母包辦的婚姻也大有改善。但婚姻法只可保障形式上的婚姻自主，卻不能改變中國人的心態。如果一個人心中缺乏愛情，眼中只有金錢，婚姻法也無能為力。

甲：我想你所說的重金錢、輕愛情還是一個經濟的問題。因為物質生活不夠豐足，才產生對物質生活的嚮往。譬如說以女方要三轉為例，如果三轉是舉手可得的事物，女方自然不會以婚姻作為交換的條件。

乙：可是物質的豐足是無限的。三轉以後，仍然可以以婚姻交換其他物質生活的條件。譬如汽車啦，遊艇啦，不是更能引發人的嚮往嗎？

甲：這也對。這種情形在西方也是常見的。我想西方人把人類帶上了一種對物質做無限開發的路子。試想這一個世紀人類所開發所擁有的財富，超過了過去從人類出現以來所開發所擁有的財富不知多少倍，可是人類仍然不覺滿足。

乙：這還不是一個滿足不滿足的問題。就是滿足也無濟於事。因為社會的結構已經成了一種固定的型態、採取了一個一定的發展方向。譬如最近的石油荒對美國竟形成巨大的威脅。其實美國所仰賴進口的石油不過百分之十五左右。美國自產的石油供應工業燃料絕不成問題。只要停開一部份私家車，就可以省出這百分之十五的汽油消耗量來。然而停開私家車問

題就是嚴重的。因為若是影響汽車工業的生產，那在整個工業界的連鎖反應就不堪設想。所謂牽一髮而動全體，就是這個意思。你要是看看傑‧弗若斯特（Jay W. Forrester）的《世界的動力》（*World Dynamics*）及乃拉‧梅豆斯（Donella H. Meadows）等人的《成長的界限》（*The Limits to Growth*）不嚇出一身冷汗來才怪。如果照目前工業的成長率發展下去，用不了幾個世紀，人類不毀於人口的膨脹，就毀於自然資源的涸竭，再不然就毀於環境的污染。不需要第三次大戰的來臨，人類的生命也不會太久遠了。

甲：最糟的是西方的經濟學家，包括較有遠見的古拿‧米爾達（Gunnar Myrdal）在內，還拚命推銷西方的工業發展道路、西方的社會組織型態、西方的生活方式。現在只有美、蘇、英、德、日、法等幾個工業先進國，已經把地球的資源開發到現在這個程度，已經把大氣、河流與海洋污染到現在這個程度。若是其他的國家都急起直追，特別是像中國、印度這樣的大國，大概人類的生命的末日，更要提早到來。

乙：我想這就是為什麼中國絕對不能再走西方的道路。中國也要創造財富，但是中國不取這種竭澤而魚的方式。人民公社的建立，意味著中國不要像西方似地與自然為敵。兩條腿走路的經濟政策說明了中國不走工業發展的單軌路線。「人的因素第一」表示中國人已經察覺到社會經濟架構會變成控制人類的巨魔。為了不受任何機械的控制，就得把人放到第一位。當西方人為組織、為公司、為機器竭誠服務的同時，中國都儘力提倡「為人民服務」。西方人講工作的效率；中國

人則更重視工作的態度。西方人追求量的擴展，利潤第一；中國人卻關心方向是否正確，政治掛帥。西方只有少數幾個有遠見的經濟學家才明白不能用西方國民所得的增長率來衡量中國的經濟發展。因為中國的經濟發展不單純做量的追求，同時也在求質的超越。人民公社從一九五一年成立以來，到現在的發展，說明這一切。

甲：可是建立人民公社的目的之一，不是在求農業的機械化嗎？農業機械化了以後，再加上地方工業的發展，我倒看不出跟西方的工業化有什麼不同來。

乙：有兩點重大的分別。第一在自然環境，第二在人際關係。換句話說，就是人與自然的關係和人與人的關係，與西方絕對不同。

甲：不同在哪裏？

乙：人民公社要求農林牧副漁的全面發展。這可以說在創造財富的同時維持、甚至於進一步改善了自然界的平衡，不會造成自然界的偏枯現象。我想在人民公社這樣的組織控馭下，不需要以大氣與河流污染的代價來換取地方工業的無限制的發展。客觀地說，西方工業的發展早已超過了民生需求的程度。然而西方經濟與社會架構無法使工業停止增長。西方工業的生產實際上一天天在透支著地球有限的資源，西方人的消費在浪費虛擲著後世子孫應享的財富。這就是中國所要避免的前車的覆轍。有人嘲笑中國人沒有私家汽車，終有一天人們會覺悟到自行車遠比汽車更為文明。人民公社的道路確定了工業有限度地發展與自然環境的有效維護。大地是萬物的母親，如果人類失去了對大地的崇敬之心、關愛之情，大

地也不會再關注人類的存亡。再說人際的關係，剛才我已經談到過人民公社的建立不但未摧毀中國傳統的家庭制度，反倒大致上保持了中國家庭的結構與人倫的關係。中國傳統的自然村，很多是單姓的，村民間都有宗族的關係。現在由於同姓婚的出現（特別在廣東省），宗族的結構可能有所變化，但這種同村內婚的趨勢將會增強村人間血緣的關係。我相信隨著生產資料所有制的逐漸升級，這種內婚的傾向會漸次由自然村擴展到公社的範圍。那麼一個人在村中以及在公社中絕對不是孤立的。

甲：不錯，西方人在社會中是孤立的，家庭組織也似乎在逐漸解體。有時候我想，我們西方的社會在走一條分裂而重新組合的路子。這種分裂而重新組合的傾向差不多是有意識的。譬如說子女在二十歲成年以後，即使不結婚，也一定離開父母，去租住陌生人的空房間。自己父母空下來的房間再租給其他陌生人成年的子女。一面有意地脫離自然的親族關係，一面又感到無可補償的孤立與寂寞。年輕人所組織的公社，其實就是一種變相的對大家族集體生活之舊夢的重溫，也是一種分裂後的再組合。人畢竟是社會的動物，沒有集體，也就沒有社會。不過，集體與個人之間，有很多不同的組合方式。

乙：對！我同意你的話。集體與個人之間有很多不同的組合方式。西方有西方的方式，東方有東方的方式。不過我覺得人民公社的組織，一面保存了傳統家庭的結構，一面卻也使個人衝破了傳統家庭的小圈圈，擴展到一個比家庭的範圍更大的集體組織之中。人不但是家庭的一分子，同時也是生產隊

的一分子。將來可能會把這種認同的自覺擴展到公社的範圍。這也是一種新穎的組合。人對自我之實現會一天天擴展，一天天豐富。我想人只有自覺成為團體的一分子，自覺自我的努力與實現團體的理想合而為一，才有培養一種德行的可能。前些日子我在一張舊報上看到一篇報導，我覺得是一個很有啟發性的事件。報是很舊了，是一九五六年二月七日的北京中國青年報，報導是李淮與振業合寫的，題目是「我們知道的張希元」。你看，就是這一張報。你要是有耐性，我可以唸給你聽聽這篇故事。

甲：我有的是時間。

乙：報導這樣說：「去年秋天，我們在張村搞建社，認識了個青年叫張希元。張希元是個十九歲的青年，他家是個下中農。當時張村群眾都報名要求入社（那時是農業生產合作社，還不是人民公社），只有張希元他爹張世有思想還有點不通。就在這時候，希元耐心地動員他爹入了社。當時村裏好多人都說：『還是年輕人行！年輕人就是比老年人思想進步！』我們想，張希元參加合作社是那麼積極，入社之後一定進步很快，他會爭取成為優秀的社員的。事實是不是這樣呢？最近我們又到張村去，我們跟老社長張滿倉談社裏的情況時，我們問起了張希元近來怎麼樣。老社長連忙搖搖頭，說道：『別提他啦！把他分到哪一隊，哪一隊都不歡迎他。做起活來盡是跟社裏玩花樣，上分時候他的眼睛就瞪得大啦！前幾天我們社裏打豬圈，分配他跟大家一起去推土。推土是從村外的土地廟推到村子裏，兩小車一分。可是人家小車都是裝得滿滿的，他推的總是大半車。

我有些奇怪，就到土地廟跟前去看。恰巧他和福元老頭在那裏。福元老頭正給他裝土。我在牆這邊，他們在牆那邊，他沒有看見我。只聽他說：福元叔，別裝啦！算啦，裝那麼滿幹啥！福元老頭不裝了。接著他又對福元老頭說：明天我就不推土啦！去打牆去！那活沒深淺，不論數。反正只要他給分，就給他幹！有的是力氣！我們種田人，過去單幹是靠勞動生活，現在入了社，也是要靠勞動才能生活。現在我們不多掙分，將來只有吃北風！他推起小車時又對福元老頭說：你裝了十三車了，我也推了十三車了。對不對？福元叔！福元老頭猶豫著說：十一車吧！沒有那麼多吧！他急忙說：嗯，十三車了，你記錯了啦！清早是七車，現在推了六車！福元老頭只得說：或許是我記錯了。我聽了這些話，氣得連話都說不出來了。你們看，張希元在社裏幹活是為了什麼？麥子上堆肥的時候，人家都是仔細地把肥料放在刨好的坑裏邊。可是他呢！怕彎腰，抓一把黃豆餅，直挺著身子往坑裏一撒，肥料順著風刮跑了。黃豆餅呀！我們把黃豆餅是看得比金子還要貴重。他卻順手一揚。他一天堆的畝數可怪多，別人堆一畝多，他能堆二畝多。那天我們看見了，就對他說：希元，社裏買點豆餅不容易呀！你堆不到地裏邊，不可惜啦？他卻嬉皮笑臉地說：風刮走也不要緊，反正都是社裏地！我說：你怎麼這樣說！眼看都刮到大路溝裏邊啦！你就不心疼！是叫你來堆麥的不是？我說著他臉紅了。我就又安慰他說：你歇一會，我替你堆點。我就給他堆了幾行，意思是叫他看看。他也怪精靈！嘴裏說著；滿倉伯，我知道怎堆了。就接住抓一把，彎下

腰放一把。可是我剛走出了地頭，扭回頭來看時，他又直挺著身子順風撒起來了。晚上大家給他評十分，他卻非叫給給他記上十三分不行！上個月，社裏為了澆麥，派人到鎮上買了十二對大瓦罐，準備挑水使用。就是我們這個張希元，一聽說挑兩擔水一分，他就來啦。結果一天打破了四對瓦罐。反正不管是樹、是石頭，就是往上邊硬碰。一對瓦罐一塊四，這都是社員的血汗啊！可是他對別人這樣說：打壞幾個盆盆罐罐有什麼了不起，反正是大家的，攤到你和我跟前有多少錢？其實他不僅不愛護社裏的盆盆罐罐，就連社裏的大財寶幾頭牲口，他也是不愛護的。去年社裏冬耕時，本來社裏分配他使用一頭黃牛耕地，可是他嫌黃牛耕地太慢，使他掙分不多。於是就用欺騙的手段，到別的生產隊換來了一頭騾子耕地。可是這頭牲口走得也不很快，於是他就用皮鞭狠狠地打，就好像他跟牲口有仇一樣，打得這牲口兩眼淚汪汪。我知道這頭六歲口的騾子，是一頭好牲口呀！可是耕了半天，牠就倒在地上了。如果這頭牲口能說話，我相信他一定會向你們訴苦的。去年年底麥地正旱，打井很重要。社裏準備打兩眼井，原來打井的六個青年中也有他在內。可是他來幹了半天，就嚷著說：這活還不簡單哩！後晌就不來了。大家到處找他，他卻在家裏整起菸葉來。整菸葉是婦女們幹的活，能領現錢，所以他願意在家裏整菸葉。生產隊長來叫他到社裏去幹活，他不但不肯去，還對生產隊長發一通脾氣說：在合作社裏幹活，也應該有我的自由，我並沒把自己賣給合作社。我不願幹那重活，誰來動員我都不行，反正老子不去！社裏沒辦法，只得把原訂計劃打亂，又從別的地

方抽了個人來。可是五個人已經躭誤了半天活。昨天晚上我找團支部書記來談，請團組織對張希元多做點工作，可是團支部對我這樣說：張希元不是青年團員，他是青年群眾中落後分子，我們很難爭取他進步。我覺得這種說法不對。我們社裏有這麼多好社員，我一定有辦法幫助張希元進步的。我們絕不能眼看張希元一天一天落後下去。你們說，對不對？」我唸了這半天，你沒有睡著吧？

甲：怎會！這是個很有意思的故事。這個故事說明了從個人主義到集體主義所必經的過程。

乙：這只是一點。從個體的小農經濟進入到農業合作社以至公社的集體經濟，不是一蹴可及的事。在開始的時候，多半的中國農民都不易適應。因此窩工、怠工、浪費社裏的財產、不愛惜社裏的耕畜等現象比比皆是。再加上領導幹部的缺乏經驗，發生了一九五八到六〇年的災荒，並不是多麼出人意表的事。沒有比那幾年的情況弄得更糟，沒有使災荒擴大與繼續，才是一件驚人的事。這說明了中國在革命以後，真正學會了組織的能力。靠了有效的組織，中國人不但度過了這樣的難關，而且從中取得了經驗，使集體經濟一天天發展起來。十七年後的今天，農民的習慣與意識都逐漸適應了公社的組織。我想今後公社的優越性會一天天地顯露出來。其長處不只是農業機械化與有效的增產的問題，而更重要的是對人的改造的問題。我想一個人只有在集體的環境中才能培養出一種德行。如果張希元不在集體中工作，就沒有人可以發現他的缺點，他自己也不會感覺到他有什麼不對。現在情況不同了，久而久之，他總會發現別人對他的看法如何，他不

會找不到自我檢討的機會。還一點值得我們注意的是，正像老隊長所說，他們不會眼看著張希元落後下去，他們一定會想法子幫助他。這種情形在個人主義的西方社會是沒有的。一個人不能適應環境，那是活該，沒有人可以幫助你！整個社會像一部冷冰冰的機器，你合不上機器的節奏，算你自己倒楣！

甲：你說的雖然不差，可是西方社會的不干預方式，卻給個人留了更大的自由。就拿張希元來說，他如果不改變他的作風，他就沒有方法在公社中生存下去，因為不只是他與其他的人格格不入的問題，而是其他的人會主動地來改造他，而且不把他改造過來，絕不干休。在這種情形之下，人沒有選擇的自由，社會環境所定的模式，就是你唯一的道路。

乙：不過道路雖只有一條，卻看方向如何，無論如何。人不能同時走兩條道路。我所說的德行問題，就是在你所走的道路上，你不但可以獲得自我之滿足，同時也獲得與他人的和諧的關係。

甲：你所說的德行問題，對我而言，只是相對的事物。不同的環境可以產生不同的德行標準。譬如說在美國開發西部的時代，那一匹馬一支槍的遊俠，往好裏說是行俠仗義，往壞裏說是橫行霸道，也是一種德行。但與中國公社社員的德行，卻絕不相同。人的自我滿足也有各種各樣的可能。總之，社會不應封閉了個人實現自我滿足的不同的可能性。

乙：我同意你這種說法所以我才說中國人民公社的創立不但為人類開闢了另一種社會與經濟結構的型態，同時也為人類增加了一種自我滿足的方式。就經濟學觀點來說，達到生產上的最高效率，一定要求專業化。這也就是馬克思所提出的在工

業社會中人（工人）的疏離感的依據。中國的人民公社可能是一個不需要以專業化來達到最高效率的經濟組織。在原則上，人民公社要求每一個社員多才多能、做多方面的發展。一個社員不止是兩條腿走路，而是多條腿走路；不止是又工又農，而是又工、又農、又兵、又學、又林、又畜、又漁、又文、又藝，是真正的多方面發展。也許只有在中國的公社裏才可以實現馬克思所夢想的早上去打魚，中午去耕田，下午去做工的理想的人生。這是一個人追求自我滿足，在德行以外，物質生活的一面。

甲：你所謂的人民公社的型態為人類增加了一種自我滿足的方式，主要乃著眼於文化與文化之間，社會與社會之間的多樣性。但在公社的組織內，對一個社員行為的規範也是相當狹隘的。從你所舉的張希元的故事就可以看出來，人的個性與行為似乎並沒有多大廻旋的餘地。你不覺得在同一個社會之內，也該容忍不同個性的發展嗎？

乙：應該容許。不過不同的傾向也只是一種程度的問題。我覺得現在的人民公社，較之於中國傳統的家族組織，有較大的自由發展的餘地。在中國傳統的家族組織中，人幾乎沒有個性發展可能。我們不問張三李四，我們重視的只是一些父子、夫婦、兄弟、長幼的關係。為人子者，不論有何種個性，對父的行為模式是一致的。為人弟者，不論有何種個性，對兄的行為模式也是一致的。其餘的人際關係，可以類推。你不可能根據你的個性與喜惡，改變這些個行為的模式。在公社裏面，或在生產大隊裏面，你則有較大的自由根據你的個性與喜惡調整你與他人的關係。

甲：可是你仍得按照大多數人的意見行事。

乙：那是當然。在任何社會中都有一種公約或默契存在。所以一個正常的社會，有常態，也有異態。常態是保守的、繼承傳統的、防衛的；異態則是革命的，要求變革的、破壞的。一個社會是不是容易進步，全看對異態的態度。在這一點上，我以為公社組織對異態的容忍性也較大於中國傳統的家族組織。

甲：可是如與西方社會比較呢？

乙：我想我們不能拿兩個截然不同的社會來做比較。我們比較同一個社會中的不同時候，因而產生一種價值的判斷。不同的社會指著不同的發展方向，因而價值判斷的標準也是兩樣的，故無從比起。

甲：你的話使我想起了法國那位人類學大家李維－史陀斯（Claude Levi-Strauss）的一篇文章，那篇文章的題目叫〈文化的動力與價值〉（"Cultural Dynamics and Values"），收在聯合國文教組織所出版的一本題作《社會經濟發展科學之途徑》（*Approaches to the Science of Social-economic Development*）的書裏。在那篇文章中李維－史陀斯說明了人類文化發展的多線性。我個人覺得我們不必浪費精力在人類文化起源的「一元論」或「多元論」的爭執上，因為那只是永遠無法證實的假想。近代人類學的研究，都使我們真正看到了人類文化的多線發展。我想馬克思及斯賓塞要是晚生一個世紀，他們一定會修正他們的學說。

乙：對，這一點，我完全同意你的說法。不幸還有些人抱著教條死不放手。中國就有一位郭老先生，把寶貴的精力浪費在中

國歷史上奴隸時代與封建時代的上下限的界定上，說不定中國根本就不曾有過這樣的時代。

甲：是呀！退一步講，就算中國有過吧，是不是世界上所有人類的文化都經過了同一的發展過程呢？我們要是這樣追問：印度的奴隸時代與封建時代在哪個時期呀？印地安瑪雅文化的奴隸時代與封建時代又在哪個時期呀？黑非洲的各種文化的奴隸時代與封建時代又在那個時期呀？愛斯基摩人的奴隸時代、封建時代又在哪個時期呀？等等等等地追問下去，恐怕我們永遠得不到答案的吧！

乙：要是所有的文化與社會發展竟可以填入同一個公式，那倒給社會科學家省了不少麻煩！

甲：所以我還是同意李維－史陀斯的看法，不同的文化之間縱然彼此受著傳播的影響，但也並不曾改變各自發展的不同方向。

乙：文化傳播論還不是你們西方人自居為傳播者的理論？到今天還有不少西方人在絞盡腦汁地找出中國文化乃由西方傳播而來的痕跡，一定要把這幾個世紀殖民主義的醜行投影到人類的過去與未來，才覺心滿意足。我們的何炳棣教授就反對這種理論。

甲：我可不是殖民主義者，請你可不要一竿子打落一船人，把所有的西方人都看扁了！讓我們回到原來的話題。西方在世界文化中占了優勢不過近來短短的幾個世紀。李約瑟就認為十四、五世紀以前的一千年，中國比西方更要文明與先進。石器時代最先進的文化也並不在西方，那時候的時間恐怕得要以萬年來計的。至於將來，不管是有限還是無限的將來，

哪種文化與社會是最先進的，尚在未知之數。人類合理的前途，正像李維－史陀斯所言好像押寶一般。多一種不同的文化與社會就等於多押了一門，也就給人類的前途多帶來一份希望。我們是沒有理由來懼怕中國新社會的成功的。我想我們西方人是有向上向前的精神的，中國的人民公社，將來一定有許多值得我們借鏡與學習的地方。

乙：不過我想，中國並不期求其他的國家與種族來採用人民公社的方式。不然，中國豈不是又步上了美蘇強大力推銷自己的社會制度與生活方式，或把自己的社會制度與生活方式強加於人的故轍？

甲：今天已經聊了不少，我想我們到這裏暫時告一段落吧！

作者按：《南北極》第六十九期第五十一頁本文（上）中曾談到北美的離婚率，謂三對夫妻中有一對離婚的。當時因為未查資料，僅是一種就記憶所及的籠統的說法。今在報上看到一份有關統計資料，茲補記於此：「據美國衛生部的統計，一九〇〇年中，美國離婚率是十三對夫妻中有一對離異；至一九四五年，是三點九對中有一對；一九七〇年達到三對中便有一對，一九七三年更出現了每二點七對夫婦中，便有一對離異的。」（見一九七六年二月二十五日香港《大公報・清流》：〈美國家庭之分解〉）美國的情形如此，加拿大的情形與美國近似。我跟不少朋友談起這個問題，多半都認為現代的人不能再以傳統的家庭觀念來看今日之家庭。如果大嘆「人心不古，世風日下」，只有徒增煩惱，並無濟於事。實際

上，世風並沒有甚麼上下之別。世界在不停地發展，社會型態與道德觀念也都在變更。問題不在離婚是不是件好事，而在傳統的婚姻制度是否仍能適應今日之社會生活與個人生理心理之需要。

原載一九七六年二月及三月《南北極》第六九及七〇期

個人的智慧、集體的榮光
——記加拿大「神光使者社」的集團生活

引子

　　對社會學的興趣引導我的注意力趨向於社會發展的諸問題，不只是目前的社會現象，也包括未來人類發展的種種可能。我們一般人對西方的資本主義社會均有一個概括的認識，其特點不外乎：一、工業的高度發展，二、兩黨或多黨的議會政治，三、極端的個人主義，四、不穩定的小家庭制度，五、日漸式微的宗教活動，六、競爭激烈的市場行為，七、金錢與物質生活的無限追求，八、知識的無盡鑽鑽研，九、自然資源的竭澤而魚，和十、個人在社會中之疏離。從以上所舉的十大特點可以看出來，西方社會的發展並不叫人多麼樂觀，而實在充滿了潛在的隱憂。這一點自然並不等我們外人以旁觀者清的眼光予以指出，西方人自己也多有見於此，已有不少民間的活動嘗試在資本主義社會發展的主流外，另闢新徑，企圖把人類社會帶上一種較為健康的發展的道路。以下所報導的就是這種新型的社會發展的社團之一。

緣起

　　很久以前就聽說加拿大卑詩省百哩莊（100 Mile House）有一個營集體生活的社團，成立於一九四八年，社員根據各盡所能、各取所需的原則共同生活，和睦相處，非常成功。近年來在反個人主義的潮流下，公社及集體農莊的創立，在北美並不少見，但歷史這麼悠久，根基如此穩固的卻為數不多；因此早就引起了我參觀的興趣。正好有一位朋友八年前曾在該社團生活過一個短時期，承其引介，參觀團於焉立刻組成。團員三人，包括甲（畫家）、乙（音樂家）及丙（本文作者）。三人對社會問題都有興趣，抱著三個臭皮匠賽過一個諸葛亮的心理，有為而發。出發前一晚因心情興奮，以致睡眠不足。第二天由乙駕車，甲及丙輪流在後座睡覺。一格睡睡醒醒說說笑笑，多半日也就駛過了四百公里，到了帶些世外桃源意味的百哩莊。

百哩莊的地理環境

　　百哩莊位於卑詩省（廣東人習稱英屬哥倫比亞為卑詩省）內陸卡雷布（Cariboo）山區。四圍山巒起伏，森林繁茂，湖泊棋布，是一個可以開發的富源之區。這一帶山區之開發，可以遠溯自本世紀初卑詩省之黃金潮。此地所以稱作百哩莊者，即因距今日的淘金鎮里路埃特（Lillooet）約有一百英里之故。百哩莊目前居民不過一百多人，以經營農、牧、木材及觀光事業為主。交通靠公路與飛機。

我們停好了車之後，即到農莊的接待室（主要的一間大房）尋找甲的熟人。甲八年前曾在此住過。但時已過八年之久，人事已有更替。我們在接待室所遇到的兩位年輕小姐，甲即不認識。但她們馬上打電話詢問甲的朋友，現任農莊管事的桃樂賽小姐現在何處。前一天，甲本跟桃樂賽電話連絡過，所以我們並不是不速之客。打完電話，年輕的小姐立刻去備茶，請我們稍候，桃樂賽到鎮中購物，不久即回。

在等候桃樂賽的時候，我注意這間大廳，雖說略嫌古舊，但清潔異常，可以說收拾得一塵不染。偶然穿過大廳的人，均面現平靜的笑容，其笑容即不似遊樂場中所見的那種開懷般的放肆，其平靜亦不若修道院中修女們面上所呈露的那般嚴肅。總之與外界所見似有些不同。桃樂賽到的時候，我發現她是一個四十來歲的平常婦人，但有一種少見的溫雅親切的態度。

略事寒暄之後，我即刻乘機提出了幾個有關經濟、財政、組織方面的問題。然後桃樂賽即帶我們參觀他們的農場，應該說是牧場，因為主要的乃以養牛、羊為主，菜園、果園只是副業。牧場佔地一萬多英畝。舉目望去，只見一片青翠的山坡牧地迤邐而西，直到遠方的湖濱。左右為茂密的森林所夾持，茫茫青碧，爽心悅目。農莊本身已建有獨立住房幾十所，散佈在園林間，皆為社員自己所建。其中有大禮堂、教堂、供全體社員集體進餐的餐室、游泳池、網球場、蒸汽浴室及五、六間個別的音樂室，其中置有各種樂器。

一般印象

我們正在參觀牧場時，遠遠地看見正有一架小飛機在附近的機場上降落。桃樂賽說這是該社的精神領袖馬亭·瑟叟爵士（Lord Martin Cecil）正從美國經溫哥華回來。馬亭·瑟叟爵士已高齡將近八十，除了仍任精神領導外，在實際事務中已經退休。現任的實際領袖是瑟叟爵士的兒子麥珂·瑟叟。

這時已差不多到了吃飯的時間，我們順便又到廚房裏去看了看。正有四個婦女在廚房中準備一百多人的晚餐。很使我驚奇的是，四個婦女的臉上都充滿了愉快輕鬆的笑容，好像準備這一百多人的晚餐，竟是輕而易舉且極愉快的工作。

晚飯吃的是煎魚塊外帶芥藍、胡蘿蔔等幾樣蔬菜，還有糖漬李子的甜食。喝的是羊奶和菊花茶。這個農莊也是提倡自然食物的所在。不但菜園、果園絕不用化肥，在烹飪上也講求營養與簡單，很少有油膩的食物。例如第二天早上早飯時的醋蜜茶，據說就有開胃健腸之功。

農莊中的另外一個特點，是對音樂的重視。社員們組有樂隊和合唱團。好像每個人都能玩一種樂器。這可以說繼承了西方教會中重視音樂的優良傳統。乙正好在英屬哥倫比亞大學教授音樂，對中國音樂樣樣皆精。那天特意攜了一架古箏，晚飯後即席做了一次即興演奏。乙本來對在飯廳中演奏有些猶豫，怕有失音樂家的身份。誰知這次演奏效果奇佳。一者由於乙對演奏古箏的造詣的確精深，二者乃由於該社員對音樂的欣賞力特高。在演奏時連小孩子均能屏息靜聽。除了箏聲淙淙外，其靜謐處真到了落

針可聞的地步。我自己也為乙的演奏所深深感動。演奏畢，乙立刻為社員所包圍，不少人問長問短，希望對中國的音樂有進一步的瞭解。

我也跟偶然相遇的幾位社員閒談，他們所給我的印象，只能拿知足快樂來形容。一位男社員告訴我，他們早餐後聚會二十分鐘，談一談各自心中的問題。如心中有什麼積累，就趁這機會坦白地說出來。能獲得解決固好，不能解決，最少也可獲得他人的瞭解。會後再各自分頭從事自己的工作。這種人與人之間的和諧關係，必定有一種合理的組織和一種精神的力量做支柱才能為功。這也正是引起我進一步探求的興趣的一點。我對該社的一點粗淺的瞭解，主要的是當晚在麥珂‧瑟叟寓所的一次長談。當晚麥珂‧瑟叟請我們三人去他的寓所喝茶，正好給了我一個提出各種問題的機會。第二天又承馬亭‧瑟叟爵士的接待。甲提了幾個頗為深刻中肯的問題。事後甲說她一早起來特意把前晚獲贈的馬亭‧瑟叟的兩本書讀了幾章，所以才提得出問題來。我印象最深的是這位老爵士所強調的「當下」這一個觀念。他說一個人的生命就在當下，不在過去，也不在未來。一個人想追求快樂，就該在當下這一刻做起。看來這位老爵士與基督教的傳統觀念是有些距離的。他這句話特別令我動心。細想我自己的生活，不是為未來而憂慮，就是沉湎於過去的往事，幾時有過明確的「當下」？這樣失去了「當下」的一生，能算真正地活過麼？這個老人，身為英國的貴族，卻自願遠遠地下放到加拿大的窮鄉僻壤，過一種較為清苦的生活。終能自創學說，且身體力行，成為神光使者社（The Society of Emissaries of Divine Light）的一代教主。他事實上獲得了其他貴族富人所永遠無法獲得的權利與快樂。

爵士下放

　　四十八年前，也就是一九三〇年，馬亭·瑟叟爵士在英國皇家海軍退役後，就直接來到百哩莊。從舊大陸到新大陸來求發展的移民，多半以窮苦無告的人為多。像馬亭·瑟叟這樣的襲有封號的世家貴族，自行放逐到如此荒野的邊疆，可說是罕見。真正來此的動機，我們無從考查。瑟叟本人在他的著作中也從不提起此一問題。我們只知道，他到了加拿大以後，正好趕上了北美的三十年代的經濟恐慌，因此過了一段非常艱苦的歲月。我們首先看到的那所寬敞的大接待室，就是當年本來四肢不勤的年輕爵士親手一釘一鎚地建成的。然後他便學習如何經營牧場，終至以此致富。可是這位爵士並不以身貴家富為滿足，卻致力於尋求一種更完美的生活方式。後來他遇到了美國人勞艾德·米開（Lloyd Meeker），二人志同道合，遂共同建立了神光使者的組織。神光使者之名，很像基督教的一個支派，事實上他們也以聖經為出發點，但是卻與一般基督教的教義與作風顯然不同。第一、他們認為神是無處不在的，每一個人就是一個神。第二、他們不強調人的原罪，卻像孟子一樣認為人性本善，認為只要發展人的本性，就可以自然促進生活之完美。第三、他們思想開放，絕不對人之任何行為抱有先存的成見。譬如說，他們也主張婚姻制度，卻並不反對婚前、婚後之性行為或同性戀等為一般教會所激烈反對的行為。他們唯一重視的是如何在團體的共同生活中表現人內在的真正價值。這種價值是彼此的關懷互愛，而不是彼此的排斥。

在這一種基礎上，瑟叟爵士繼米開在美國科羅拉多州的經驗而後，於一九四八年在百哩莊創建了集體農莊，實行群體生活。從開始的五個人，發展到今日的一百多人，包括二十幾個未成年的孩子。其中主要的骨幹自然是瑟叟與米開兩家人。米開去世後，美加兩地均由瑟叟爵士來領導了。米開的女兒就嫁給了目前百哩莊集體農莊的實際領導，瑟叟爵士的兒子麥珂‧瑟叟。

農莊組織

由神光社所領導的百哩莊農莊，除了經營牧場以外，還經營許多其他的事業。其中包括一家規模可觀的旅社、一家汽油加油站，一家麵包店、一家無線電臺和電視臺、當地的一家地方報紙、一家營造公司、一家建築材料行。另外在當地的地產公司、保險公司、煤氣公司和自來水公司都擁有主要的股份。在物質上來說，是相當富有的一個團體。

在一百多個社員中，半數在農莊工作，半數分配在其所經營的事業中工作。當然人手是不足分配，餘額再雇用社外的人擔任。以其所經營的旅社為例，其中五十個工作人員中，有十來個是農莊的社員，其餘四十來人都是從社外雇用的人手。凡是在社營企業中工作的社員，均按照職位支薪。不過全部的薪水都應該交給社的大家庭。所有社員的物質需要，包括零用錢在內，均由社方按照實際需要支付。如有社員有特別額外之需，如旅遊、購買較貴重的物品等，由社方會議討論，按照當時經濟情形決定之。正如桃樂賽所說：「我們完全像一個大家庭，誰要有什麼特別的需要，大家都會盡量支持。」然而我卻想到我國過去的大家

庭，人口一多，就會發生種種意想不到的糾葛與紛爭。其中最大的問題常常發生在財物的分配上。所以我就提出問題來，如社中有的人比較貪心，該如何辦理。麥珂說：「物質的貪求，與其說是人的本性，不如說是外界的引誘力。來參加我們社的沒有一個是為了追求金錢的。如追求金錢，自有致富之處，何必要來過這種集團的生活？」

百哩莊神光社的一百多個社員，大概半數在外工作，半數留在農莊中負責家務事。所謂家務事並不是很簡單的事情，實在也包括生產在內。譬如說管理牛羊家畜和菜園、建築房屋（所有農莊中的房屋全部是自建的）等，都不是輕而易舉的事。社中的原則並不主張嚴密的分工，不同的工作由大家輪流做。幾年下來，人人都成了萬事通。不過由於個人的志趣和體力的限制，不嚴格的分工還是有的。譬如說建築房屋和下地耕耘多半由男人擔任，做飯洗刷等事則多半由女人負責，雖然女人有的也下田勞動，男人有的也會去廚房做飯。目前擔任分配女人工作的是百哩莊的鎮長夫人。原來鎮長夫婦也都是農莊的社員。鎮長從十八歲參加農莊的集團生活，已經過了三十來年了。換一句話說，也就是神光社推出一位可靠的社員來競選鎮長。因此該社才可以直接影響當地的政治。該農莊的社員不過佔百哩莊這一個城鎮的百分之一、二，卻足可以左右當地的政經大計。

社中的組成分子也並不是個個都很穩定的。有的來住了半月二十天，不習慣就離開了。有的一兩年後因故脫離。脫離的原因，多半是由於個人的野心或情感上的糾葛。在這樣一個主張愛人、助人，而和平相處的團體內，有個人野心或權力慾的人便不容易住得下去。另外社中不乏健康漂亮的年輕男女，情感上的糾

葛自難避免。據我個人的觀察，在愛情上佔有慾強的人也不容易住得下去。譬如說桃樂賽與麥珂年紀相當，據說本來是一對情人，且論及婚嫁。後來不知為什麼麥珂娶了比他年輕十幾歲的米開的女兒（合併兩家的財產可能是一個理由）。除了這兩個女人以外，麥珂還有一個年輕漂亮的女秘書。這四個人同住著一所房子。平衡其間種種微妙的關係，就不是件簡單容易的事。然而麥珂等人做得很成功。其他的社員就不一定個個有這種修養。不能平息自己情感上的問題，也只有離社他往之一途了。

　　社中的居民，看來是比外來的人要健康。其原因乃：一者靠對飲食的講求，二者靠精神上的陶冶。前文已經提過，神光社是主張吃健康的食物的。所謂健康的食物，一是家畜飼料不用化學品、肥田不用化肥而用自然肥，二是對烹調之重視。社中有一位專人專門負責研究食物之營養及口味。此人經常來往美加間，收集資料，並到各分社廚房中親自示範指導。我們參觀期間正好遇到此人。此人德籍，與麥珂・瑟叟和百哩莊的鎮長共稱神光社的三大幹員。精神上的陶冶則一方面培養人與人之間和諧的關係，另一方面靠馬亭・瑟叟的精神感召。全體社員（包括在當地社營企業中任職的在內）除早餐不定時外，中午兩餐均同時進餐。餐間有一謝餐禱告的儀式。在禱告時眾人均手牽手連做一體，無形中使人深覺自己是大家庭中之一員。此外，每星期社員有好幾次定期的聚會。這樣的聚會也時常有外人參加。聚會的目的就在加強人的精神生活。如果馬亭・瑟叟爵士在莊的話，每星期日都對社員做一次談話，主要的就是細述他個人的人生體驗和他個人對人生之洞察。他的這些談話，已經以語錄的形式集成了兩本書，對外公關發售。一本是一九七四年出版的《在你之所

在》（*Being Where You Are*），另一本書是一九七七年出版的《在
鷹翼之上》（*On Eagle's Wings*）。

理想與態度

馬亭，瑟叟的思想，或者說他對人生的洞察，總括起來，
有幾個要點：

（一）認為人的生命自有其目的與秩序。然而這種目的與
秩序並非來自人，而來自「天父」或神。「天父」
或神，在瑟叟的心中只是宇宙化育流行的那種力量
的代詞而已。

（二）知識在瑟叟看來是不重要的，甚且頗有害處。他認
為人的知識愈多，愈容易搞亂生命原本的目的與秩
序。（這種思想乃來自聖經亞當夏娃食禁果。）去
領會生命的目的與秩序須靠人的體會，而不靠知
識。這一點，瑟叟可能受了些中國禪宗的影響，雖
然他並未明說。

（三）人的痛苦與煩惱，非來自神，而是產自人心。越想
解決這種問題，越產生更多的問題。不同於人心的
則是人性。人性代表了神的意願。此一見解，可說
乃以不同的角度來重述孟子的性善論。

（四）黑暗之所以黑暗乃因缺失光明。只要引進光明，黑
暗自然引退。所以人毋須為解決人間的衝突或設法
停止戰爭而勞心。只須引進和平，戰爭自會終止。
然而引進和平之責，不在人，而在「我」。人間最

大的錯誤乃人人均以為錯處在不在「我」。而事實
上錯處正在「我」。亂由我心生。故引進和平，應
由「我」起。

（五）人所以置身於黑暗中，是因為人缺乏愛。愛就是光
明，就是和平。愛的表現方式，不是獲得，而是給
予。也就是說予人愈多己愈富。

（六）空言無益，重在力行。千言萬語不如就地而行。這
一點瑟叟爵士似乎又得了王陽明的心傳。

以上不過都是些老生常談，可是把這些老生常談在實際生
活中運用出來，而且獲得了可見效果，就不是件容易的事。由於
瑟叟爵士與他的跟從者的努力，神光使者已經在美加有好幾處營
集體生活的農莊。人數最多的一處在美國的科羅拉多州，叫做
「日升」。那邊社員將近兩百人。所以瑟叟爵士也常常住在那
邊。此外在美國紐約及新寒舍（New Hamp Shire）與加拿大昂大
略省的王城和卑詩省的奧德哥如夫（Aldergrove）各有處規模較
小的農莊。

臭皮匠的議論

在訪問過了百哩莊農莊以後，我們三個臭皮匠可說感觸良
深，在回程的車上就已開始大發議論起來。就是三個臭皮匠對百
哩莊神光使者社的不同的看法。

甲：我覺得這種集體農莊的組織，一部分可說是英國工業
革命前舊封建制的遺存，另一部分則出於現代社會主義之理想。
在組織上，瑟叟爵士仍據有封建郡主的地位。但在人際關係上，

瑟叟爵士卻不是一個作威作福的暴君，或一個專橫寡恩的家長；而是一個慈祥可親的長者，或一個可以信託的朋友。在目前個人主義和物質主義橫流的世界中，有這樣的一個組織，使人生活其中，不受物利之誘惑、不受財富權勢之威脅，就是一大成功。其中有三點很值得注意：第一，他們揭示了一種比較高尚的理想，使人可以從物慾金錢的追逐中脫身而出，因此得以關注到人生其他的層面。第二、他們極重人與人之接交。放棄了世俗社會中等級的觀念，老幼男女均以平等和善的愛心待人。在這樣的環境中，人漸漸脫離了孤獨疏離的感覺，脫離了恐懼與憂慮，得以安心享受人生之情趣。第三、他們不但重視工作，而且特別重視如何工作。也就是說看重對待工作的態度。同樣的工作，在一種心情下是一種苦刑，換一種心情可能就是一種樂趣。這種視工作為樂趣的心情，不是靠幾句教條可以為功的，而需要長時間在人與人的交接中慢慢地培養起來。恐怕只有充滿了愛心的人，才能真正享受工作的樂趣。總而言之，不管出於任何組織形式，他們生活的實質是飽滿的，這就是他們的成功之處。這也可以說是由瑟叟爵士個人的智慧與生活經驗的結晶開出的花朵，而眾人分享了它的榮光。

乙：（對甲）我覺得你的意見未免太肯定了些。其實這組織，不過是目前北美資本主義社會中的一種必然產物。個人主義的末流使人們不禁響往於舊日的集體生活。聰明乖覺的人就利用了人們的這種心理，滿足他個人的權力慾望。你說瑟叟爵士不重權力，那是不怎麼正確的。依我看，瑟叟爵士的權力遠超過一般政治的領袖或商業界的大亨。他除了在人事上有支配權，在財政上有絕對的發言權之外，他還進一步企圖支配人的靈魂。他的成

功處是不但使人心甘情願無償地替他工作，而且還贏得了眾人的擁戴與崇敬。跟政治領袖比起來，他不需要處心積慮與人勾心鬥角，更不恐懼暗殺的威脅。跟商業大亨比起來，他不需要錙銖計較，而可以安然坐享。他的財產，更有可能以慈善機關的名義逃脫了國家的稅收。你看，世上哪有比這種經營更有利的投資？瑟叟爵士不用說是一個有才有術聰明絕頂的人，社中的社員都在他的掌握之中。他的高明處是結合了資本主義的自由和社會主義的福利。社員對社並沒有合約的限制，任何人在加入之後都可以自由離開。就是在社中，雖過的是集體的生活，但卻沒有任何嚴厲的戒規。社中並未規定禁酒禁煙，但吸煙喝酒的人絕少，至少我們沒有見到。這是他的放任性的成功處。年輕人要想野餐，就可以在廚房裏將飯拿到湖邊去吃。要開舞會，就開舞會，社中的主事不但不予干涉，還要多方協助。所以才吸引了這麼多年輕社員。社員享有一切的福利，卻並不像在社會福利處領取津貼的懶鬼，一無所事。社員都有一定的工作，而且都能以愉快的心情參與。這豈不是資本主義自由制與社會主義福利制的一種良好的結合？這也正是瑟叟爵士超過一個普通資本家的地方。雖則如此，仍不能不說瑟叟爵士是另一種型態的資本家。所以我才說這種組織，不過是目前我們這種社會中的產物。從另一個角度說來，也只有在提倡企業自由競爭的資本主義，才能產生這樣的一種組織。在經濟型態、生活方式都納入統一規劃的社會主義國家中，是不會產生這樣的組織的。

丙：（對乙）我不完全同意你的見解。固然你說的也有理，如沒有資本主義社會，就不會有這種組織存在。同時我也同意你所說的瑟叟爵士的規劃比一般唯利是圖的資本家高明。可是

我並不能假想瑟叟爵士一生的事業，只是出於權力的追求，而沒有絲毫愛人之心。在這個世界上，只求權力，毫無愛心，或者是只求自我私慾的滿足，毫不顧及他人的富人太多了。我國過去的財閥，並非沒有足夠的金錢，為什麼從沒有人肯拿出錢來辦一個集體農場，像瑟叟這樣地助己助人？我國多數的財閥卻寧願把財富轉移到外國，然後在異國的土地上悽悽涼涼地擁錢而斃。活的憂煩，死得寂寞！有幾個能做到像瑟叟爵士這般地使人快樂而自己快樂？尊重別人，而受人尊敬？我以為只有在結果危害到他人的時候，才有追求動機的需要。如果結果對人是良好的、可以肯定的，不管動機如何，又有什麼重要呢？像瑟叟這樣的地位與財富，在一個崇尚個人自由的資本主義的國家中，並非不可金屋藏嬌、一呼百諾，把金錢堆砌成聲色權勢的享受。他竟不此之圖，卻把他的畢生精力用在啟迪人的愛心上，用在發展一種和諧的人事關係與和諧生活的事業上，把他全部的家產用在與人分享的快樂上。就憑這一點，他已經是一個有大智慧的人了。不過，我覺得更重要的一點，是他企圖在目前個人主義的社會中開創出另一種社會生活的範型，給後來的人帶來一種比較與選擇的機會。從社會學的觀點看來，這也該是人類進化中的一件大事了。

原載一九七九年一月《南北極》第一〇四期

從〈國王的新衣〉到《毛主席的新衣》①

——介紹一本值得一讀的分析文化大革命的好書

真正客觀的歷史是不存在的！

歷史事件都是透過史家的筆端才成為人所共知的歷史事件。人都是一定物質環境和條件下的產物，史家也不例外。最客觀的史家，也不能避免其不能自主的主觀成分。

文化大革命毫無疑問地已成為中國現代史上重要事件之一。從一九六七年文化大革命的高潮到現在，六、七年間，不知已潑擲了多少史家、政論家及新聞記者的墨水。中外各報章雜誌上對文化大革命分析評論的散篇幾無時不見，成書的也已不少。但到底文化大革命的真相透過各家的報導評論，使我們瞭然了幾許？是不是已可像秦的「焚書坑儒」漢的「新莽變法」等歷史事件一樣給我們一種清晰的印象？回答是不能。這倒並不是只由於時間太近，尚無法見其在歷史長流中的影響，或各家分析評論的不中肯，而是由於歷史本身之龐雜性。我們所以對「焚書坑儒」或「新莽變法」有清晰的印象，那是由於我們接納了司馬遷和班固的意見。肯定歷史的真相並不如司馬及班氏筆下那般簡單。歷史事件常是後人為配合當時的政法、社會趨向所做的解釋。

今日之世界因為政治社會趨向早已比曩昔複雜百倍，因此無須後人，即當代人對同一歷史事件已可持極為不同之觀點。通常外國人跟中國人對文化大革命的看法便不一致，偏左的跟偏右的意見也大相逕庭。但綜合觀之，各種不同的觀點和議論大致可以歸納於兩大類：一是認為文化大革命確是中國革命不可或缺之一環，確是毛氏為了避免劉少奇一類的走資派把中國革命引入修正主義的歧途而不得不為之的明智之舉。另一類則認定文化大革命者不過煙幕而已，而實質上則是毛劉兩派之間的奪權鬥爭，其他所謂的意識形態的差異、理論路線的分歧都只是藉口。

中國的觀察家持第二類意見的人很多，但外國的觀察者、理論家大多偏於第一種意見，幾乎到了眾口一聲，再無異議者置喙之地步。其所以如此，自然有其外在內在等各種原因。一般說來，外國的觀察者、理論家看懂中文資料的寥寥無幾，能意會出字裏行間的言外之意者更是絕無僅有。他們參考的資料，一部分是中國發出的官方外文資料，另一部分則是靠中國助手翻譯的中文資料。在這些資料中打轉，自然不外乎一些冠冕堂皇的革命大道理。其次，外國對中國發生興趣的觀察者、政論家不外兩種人：一種是反華反共的。這種人看問題不但戴著政治偏見的有色眼鏡，同時也戴著種族歧視的有色眼鏡。他們的言論早已不值有識者一哂。另一種則是比較客觀的學院派。其中較激進的成為不滿現實的新左派，對中國的革命抱著無限的嚮往之情，對毛氏自然推崇備至，幾近迷信。比較緩和的也對中國革命持同情的態度。他們多半都具有既現實又理想的雙重性格。現實的一面不免顯出點趨炎附勢，理想的一面則使他們把人類的希望寄託在東方，有意無意地總企圖把中國有關革命的事件按放在他們理想的

模子裏。這也就是他們不願把文化大革命塗得太黑的緣故。至少在林彪事件發生以前，他們幾乎是眾口一聲地推崇毛氏「不斷革命論」的明智②，認為文化大革命絕不是出之於個人之間的權爭，而是適應文化及社會變革而發生的。這也就難怪在這種氣氛中何以西蒙・雷自稱為在稠人廣眾中突然高喊「國王光著屁股」的天真的孩童了！

西蒙・雷是西方少有的一個對中文資料運用自如的年輕的漢學家。再加上文化大革命時他正在中國的門口──香港從事研究工作，對蒐集資料方面更得地利之便。這才使他能夠，也敢於在西方「千人諾諾」中獨自「諤諤」而言。恐怕這也就是何以他把書名取作《毛主席的新衣》的緣故了。

此書除了序言、後記外，共分三部分：第一部分是根據過去的事件闡明文化大革命的來龍去脈，藉以揭示出作者所認為的文化大革命的真相。第二部分是從一九六七到一九六九文化大革命進行中的三年按月紀錄的重要事件，並加以評註。第三部分是附錄，收入整肅彭德懷的重要文件、文化大革命重要人物的小傳及全書索引。

此書特出之處，在於作者對文化大革命的分析及其所持的見解，在西方學者中，最接近中國人的看法。這可能得力於他之能夠穿破煙幕，在汗牛充棟的資料中讀得出字裏行間的言外之意。他不曾像有些理想主義者，按定自己所企望的模式給文化大革命尋出許多偉大的涵義。（做為中國人看見外人對自己國家的推崇，自然應該高興；但是對於被人亂戴一通莫名其妙的高帽子，如果還有幾分明智的話，也該知羞臉紅的吧！）但也不像有些個反華反共的作者對文化大革命任意加以侮蔑歪曲。他的見解

之所以接近中國人的，正是基本上他愛護同情中國，也愛護同情中國的革命。他對文化大革命分析批判的出發點，跟一個中國作者的出發點並無二致。因是之故。他在序言中才一再太息西方對中國革命力量之無知。他說：「世世代代西方一貫地無視於中國革命力量。每次都支持腐朽的勢力以對抗新興的力量。十九世紀時，西方國家選擇扶持即將傾覆的滿清以對抗太平天國。二十世紀初葉，又敵視蔑視最早的國民革命者，再次地傾向腐敗的滿清帝國。他們把孫中山看作是一個一半危險一半痴呆的小丑，卻認為袁世凱大有作為。當蔣介石表面上代表革命的時候，他們時時疑懼；當其顯現其真面目時，才一心相許。在一九二○至一九五○年毛澤東從事革命的整個時期，對西方群眾，起初他是不存在的，後來又以嚇人的面貌出現。相反地，自從文化大革命以來，當其政權顯露出反動面目，其本人不啻成為六、七十年後西太后的直接繼承人的時候，這才在西方轟動起來。在位的在野的政客、財政家、企業家、商人、吃革命飯的、搜神朝聖者、慈善家，哲學家、觀光客，成群結隊一窩蜂地湧進他的朝廷，爭相去頂禮膜拜。」③從以上的話也可以看得出來，作者對毛氏前期的革命生涯是肯定，只是到了後來才開始像歷史上許多早期的革命家一樣不可避免似地走上了反動反革命的道路。世人有幾個不是趨炎附勢之徒？在這種眾人幾把毛氏目為神明與救世主的當兒，他卻像那天真的孩子指出國王原是光著屁股一般來大喊一聲：「毛主席也沒穿衣服！」足見作者的真誠與勇氣！

　　作者以為文化大革命的真正內容乃權力之爭，故肯定毛氏在大躍進政策失敗後曾一度失去權力。如不曾失權，則何須奪之？文化大革命的源起及進行，大家都知道與毛氏個人之個性與

作風是不可分的。作者對此有很精到的分析。他以為毛氏一面是極具幻想的風雅政客，一面也受了其出身、教育、經歷等的局限。毛氏最遊刃自如的局面，自然是延安時代農民革命那一階段。一旦革命成功，國家面臨著更為複雜的工業建設、技術革新時，毛氏便感到難以應付。智能上不能為力，心理上便感到極不自在，於是想盡了方法把中國革命勒回到延安時代他那最熟悉的模式。他寧願使國家的進步煞車，也不願自己失去控馭。對國家的建設還不止於煞車而已，他甚至不惜盡力朝後猛拉，以期適應他一己如昔日般控馭自如的智能。毛氏常言中國是「一窮二白」，所以毛氏自認可以在這一大空白上任意揮毫。其實不然。中國窮則窮矣，白卻未必！中國有四千年的文明，科技、文藝都曾昌盛一時，何能謂之白？西蒙‧雷以為文化大革命在奪權之餘，就企圖把中國豐富生動的過去盡力剔刮擦抹，使其真正接近一窮二白的面貌，以俾主席的彩筆肆意馳騁④！

　　像中國人一樣，作者最為痛惜的也是在文化大革命中被利用被作踐的成千上萬的青年人及這一股新興的革命力量。紅兵的衝動偏激，的確易使人聯想到義和團的時代。可惜的是這兩股力量都被老謀險詐卻無遠見的政客白白斷送了。「今日犧牲者，已不再是少數的地主階級及剝削者；相反地卻是農民、工人、學生、革命青年的代表，新中國的血肉兒女。毛式的紅太陽從此不過只是一抹塗了鮮血的夕照而已！」⑤

　　作者的評論雖很接近中國人的見解，卻也自有其置身事外為中國人所最易忽略的灼見。譬如說中國人對毛氏的思想總認為馬列的成分多，中國傳統文化的成分少。作者卻以為不然。他認為毛氏深受孔子思想之陶冶。並舉例說出重「紅」不重「專」正

是孔子「君子不器」的延伸。毛派所倡導的政治掛帥與革命意識的自足性，與孔子「仁」的自足也是一物之兩面。此外對修身移性，及對教化的功能之深信不疑，也是孔門的精神。不用說文化大革命時毛語錄已繼承了過去五經四書的地位，成了人人必讀的修身課本。作者此一分析，值得國人進一步深思中國文化繼承問題之參考⑥。

不過書中也有許多筆者個人不同意的地方。譬如作者認為「百花齊放」是毛氏個人對革命建樹時代之結束，為其退化反動之始⑦，並將其比作滿清氣運日薄西山時之西太后⑧。其實早在延安時代對王實味及其後對蕭軍等之整肅，已埋下了「百花齊放」此一大「陽謀」的種子。毛氏革命生涯中的正負兩面，早在革命成功前已顯露出來，只能說革命成功後其負的作用愈來愈顯著而已。作者又將毛劉之爭比作太平天國的洪楊之爭。並暗示毛之整劉正如洪之削楊，不免使其政權之元氣大傷，終肇至整體崩潰的結局⑨。所以在江青小傳中再次提出毛之在文化大革命期間眾叛親離，所可信賴者只剩一己之妻室及少數幾個佞臣，亦重現了中國歷代王朝末代君主的衰頹命運⑩。這許多看法，未免墮入歷史循環論的窠臼。我個人覺得歷史事件只有近似，卻絕不會循環、雷同。毛氏也曾示意自比劉邦，希望老婆像呂后似地把班接下來⑪，也未免太看重歷史的循環性了，恐怕到頭來未免落一個空！

解釋與分析歷史事件的困難，主要的還是由於歷史本身的發展性。歷史不是由幾個個人的意志所可操縱的；自然重要人物對歷史亦自有其影響力。如把歷史事件比作一齣戲，大家不免都是演員，導演和劇作者卻是歷史本身。因為設計再精確的藍圖，

也無法一成不變的搬上歷史舞臺。你認為自己作了導演，其實仍然不能老躲在幕後，終免不了也要粉墨登場一番。而且歷史事件的動機可能是一回事，到了在歷史上發生作用、發生影響時又極可能是另一回事。就以文化大革命而論。縱使其原始動機旨在奪權，但既然已打出了文化革命的招牌，其對未來歷史的影響就絕不單純限於政治範圍以內了。紅衛兵雖慘遭壓服，但「造返有理」的口號卻已深印在人們的記憶裏。「敢於鬥爭」、「敢於犯上」的精神，也不會只流於一句為政客們用則取不用則捨的藉辭。商君之法商君坐之，歷史上自有前鑑！於文化大革命亦自有其積極的作用在焉。毛氏一生對革命的貢獻，恐也不會因文化大革命之荒唐而前功盡棄。毛氏晚年確是受其本身眼界及智能之局限，謂之封建亦可，謂之反動亦可；但現在的中國卻與洪秀全、西太后治下的局面全不相同。現在的中國畢竟已不是一個王朝。正如史達林的敗政不能促使蘇聯政權之崩潰一般，中共政權，不管毛氏的威望有多大，到底不是建築在一人之上的！

真正完全客觀的歷史是不存在的。西蒙・雷可以解釋如此，他人亦可解釋如彼。但西蒙・雷的可貴處是其站在維護中國人民及中國革命的立場上予以評論，即使受其評責的當事人也該有雅量包容的吧！

幼時讀過安徒生的童話〈國王的新衣〉，隔了這許多年代，已不復記憶當一絲不掛的國王被天真的孩子指出光著屁股時有何反應了。

一九七三年五月二十八日

原載一九七三年八月《展望》第二七六期

附言：Simon Leys為Pierre Ryckmans（李克曼）之筆名，比利時
著名漢學家、比國皇家學院院士，現已在澳洲退休。除
《毛主席的新衣》外，有關中國政治及文化著作尚有《中
國的陰影》（*Ombres chinoises*, Paris, Edition 10-18, 1968）、
《破碎的圖像》（*Images brisées*, Paris, Edition Robert Laffont,
1976）、《焚燒的森林》（*La forêt en feu*, Collection Savoir
Herman, 1983）等。

---

① 西蒙・雷（Simon Leys）原作為法文：*Les habits neufs du Président Mao*, Paris,
Edition Champs Libre, 1971後譯作日文、意大利文及西班牙文。
② 「不斷革命論」自然不是毛氏的發明。
③ 見法文版原著十七－十八頁。
④ 參閱原著三三－三四頁。
⑤ 參閱原著一六四頁。
⑥ 參閱原著一八二－一八三頁。
⑦ 參閱原著三一頁。
⑧ 參閱原著三二頁。
⑨ 參閱原著第三頁。
⑩ 參閱原著二九〇－二九一頁。
⑪ 見一九七三年四月四日香港《今夜報》所刊「中國人民解放軍革命委
員會」署銜的傳單中所引毛澤東於一九六六年九月十五日寫給林彪的一
封信。

中國省聯政府的構想

　　自結束文化大革命的「九大」召開以後，表面上雖仍是毛氏掌權，但實際的權力，誰也不敢說一部分，甚或大部分沒有落在各地的軍人手裏。不然，所謂的「多中心論」或「山頭主義」，就不會成為值得一申再申的問題了。這種中央大權旁落的現象，一面很引起一些人的慶幸，一面也引起不少人的焦慮。慶幸的是毛氏獨裁的魔棒已指揮不靈，焦慮的則是深恐我國再步上四分五裂軍閥割據的覆轍。這種形勢，我覺得如果善自誘導，倒是一個中國復興的大好時機，不會重蹈軍閥割據的覆轍。問題是倘若他們這些掌權的軍人看不到這一點，或是看到了無法說出來，我們身居海外的中國人，藉著尚有這點放些不負責任的高論的自由，不妨鬧他一陣；即使發生不了實際的大作用，但至少也不至於產生什麼不良的影響。

中國追求大一統的觀念是否尚合乎時宜

　　雖然三國演義的作者曾說：天下合久必分，分久必合，似乎是把分合看作是歷史進展的常軌；不過我國人一般的觀念總是把分看作是過渡時期，把合看作是歷史的主體；把分看作是亂世，把合看作是治世。這種觀念實在是來自我國古代尊王攘夷的

大一統思想。如要說孔子時代，這種大一統的觀念尚不曾十分具體詳密，到了漢朝則已經建立了完整的理論基礎，禮運大同篇可視作此一思想觀念的代表性著作。

然而中國是一個地廣人眾的國家，造成一個不偏不頗的完整的統一，實在不是一件易事；這恐怕也正是所以分久必合，合久必分的原因。試看整個的歐洲尚不及中國的面積廣大，卻分作大小不等的三十來個國家。有分別，就有競爭；有競爭，就有進步。今日的歐洲是如此，戰國時代的我國也是如此。我國物質、文化的進步，以比例言之，沒有一個朝代比戰國時代更為神速。所以由實利的觀點看來，大一統對人類文化的發展並不是一個多麼有利的條件。自然人是不滿足於完全沉陷在現實主義中的，我們也需要理想。「大道之行也，天下為公……」就是代表著中國古代人理想的一面。沒有理想的人生是太乏味了，因此理想的價值是不容輕視的。不過問題就在如何對待理想的態度上。我國的大同世界，多少跟莫爾的烏托邦是屬於一類的東西，懸之於遙遠的未來可以帶給人無窮的希望，如企圖一蹴而及則未免是癡人說夢。今日的聯合國不是也只能每年開開大會，空口議論一場就了事的嗎？

因此，不論我國的大一統觀念，在哲學上、在社會學上、在人類的文明上有多麼大的價值，但在實際的行政上、實際的經濟發展上，卻並不是多麼合乎時宜的。

中央集權政府的流弊

不錯，漢唐盛世中國都曾有一個強有力的中央集權政府，不過那時候跟現在的條件是大不一樣的：第一、那時候在地理上

的版圖沒有今日大。第二、那時候是君主政權，君主是應天命而生的，老百姓只有俯首聽命的份兒。第三、那時候異族很少，漢族以壓倒的勢力、以征服者的姿態統治著很少數的異族。這些條件，現在都完全不存在了。今日在一個版圖如此之大，種族如此之複雜，而民主思想又已進入了人民的腦中的時代，再來建立一個強有力的中央集權政府，就免不了矛盾百出。最大的幾個矛盾就是：專制與民主的矛盾，中央政權與地方勢力的矛盾，漢族與少數民族之間的矛盾。如果對這些矛盾不予客觀地、合理地解決，卻一味掩飾、欺騙，或把矛盾的鋒芒強力壓下去，自然會造成流弊橫生的局面。

中共二十年來的中央集權政府就已經給了我們一個活生生的例子。

中共在革命時期，本來也是打著民主的招牌的。無產階級專政的理論，只是為了消滅階級，也就是說在承認階級可以消滅的前提下，無產階級專政才可以在理論上立得住腳跟。若是階級根本是無法消滅的東西（不論是說階級鬥爭是永遠存在的，或是採取另一種觀點說資產階級消滅了，還有統治與被統治的階級存在），那麼無產階級專政的目的何在呢？所以一個階級或一個人的專政，在理論上都是找不到堅實的根據的。所有的理論都是藉口而已。藉口為了什麼？為了達到實際上的需要，那就是建立一個強有力的中央集權政府。在避免不必要的波折與阻礙的原則下，非先專政，不足以集權。這是建立中央集權政府的流弊之一。

想建立一個有力的中央集權政府，贏得各地各族的一致擁戴，現在既沒有了天之子，自然得有一個勢足以凌人，德足以服眾的人物來做這一個政府的首腦。如已有這麼一個人選，勢必加

強他的聲勢；如尚沒有此一人選，也得千方百計地製造一個出來。這種為了建立一個集權中央政府的需要的客觀因素所逼成的形勢，配合上英雄主義的個人野心，捨造成神話式的個人崇拜以外尚有何途？這是建立中央集權政府的流弊之二。

一個有力的中央集權政府，既是集權的，又是有力的，那麼自然得把全國的政治、法律、經濟、社會組織等等事無大小都緊緊地抓在自己的手裏。事實上中國土地如此之大，地理景觀南北東西大相懸絕，人事現象也大不一致，如想用一元化的政策、一元化的計畫、一元化的命令統率全國，不是力不從心在實際上做不到，就是釀成許多扞格不入、強框硬套的情事。這是建立中央集權政府的流弊之三。

今日組織中央集權政府，不用說自然是以漢人為主導的。像內蒙、西藏、新疆的少數民族，恐怕心中不能全無被異族統治的感覺；不然西藏的暴亂事件便不會發生，新疆的維吾爾族也不會有往俄境大批逃亡的情事，蘇俄在邊疆地區也就不會有勢可乘，事實上今日中共在邊疆少數民族地區的政策，不管口頭上說得多麼好聽，跟過去帝國時代治夷的政策差不了多少。然而軍隊跟命令都不是收服民心的有效工具，這是無庸多言的。這是建立中央集權政府的流弊之四。

以上所舉僅其犖犖大者，其他的細節實在不勝枚舉。

世界潮流與中國的因利乘便

現在讓我們看看世界上其他國家中央跟地方，及多數民族與少數民族間所遭遇的困難。

先舉幾個領土比中國小到不知多少倍，民族問題簡單到不知多少倍的國家來看：

英國領土不能算大，但也不能阻止愛爾蘭的獨立。愛爾蘭雖仍為英協的一份子，雖仍然在對外政策及國防上與英國協手，但有自己的總統，自己的議會，在立法、行政上都有自主權。

法國領土也不算大，財富也較平均，按理說一個中央政府可以照顧周到，不致發生問題的。可是事實上布日達尼省的自決運動非常熱烈。此省的地下活動份子專門跟中央政府為難。

加拿大是個大國，可是北部寒帶地區根本是不毛之地，所以比起中國來還是小得多。魁北克省的法語居民的自決運動也是人盡皆知的事。

在非洲奈及利亞（Nigeria）境內，剛剛結束的比阿發拉（Biafra）地區的獨立戰爭，也正是來自地方勢力與中央政府間的矛盾、少數民族與多數民族間的矛盾。

我們再來看看世界上兩個最強的大國：一個是蘇聯，一個是美國。這兩個都是有擴張傾向的國家。

蘇聯的領土之大，在世界上沒有一個國家可以與之比擬。可是蘇聯跟中國的情形一樣，也是一個存在有地方主義及少數民族問題的國家。只是因為蘇聯的中央政府獨裁做得徹底，又握有強有力的軍隊，國內的少數特別地區跟少數民族，連大氣也不敢喘，何敢言自決？即原不屬於蘇聯版圖的匈牙利、捷克，只要你敢哼個不字，坦克、大砲立刻壓境。要是愛沙尼亞、拉脫維亞、立陶宛這樣的本為獨立現已劃入蘇聯版圖的小國，膽敢言自決，恐怕殺個雞犬不留之後，尚不會為世人所知。（蘇聯雖名為聯邦，實質上卻不能以聯邦視之也。）

美國雖然跟蘇聯一樣，也是一個有擴張傾向的大國，但是因為美國是聯邦制，各州都有各自特有的地方法規及地方權限，國會議員也是由地方上產生的，所以美國的擴張便不多麼帶有暴力的成分。（比方說美國合併夏威夷為州的時候，夏威夷人好像也不曾有過什麼亡國之痛。）雖如此，美國的種族問題卻是非常嚴重的。有色種族，在美國處在一種被歧視、被壓迫的地位，那是人盡皆知的事。由此也可以看出來。不管法律條文定得多麼合情合理，只要政權過於集中在少數人，或者一個階級，或者一個種族的手裏，這個國家一定會遭遇嚴重的問題。美國的黑人不是正在努力企圖在美國境內建立一個獨立自主的黑人王國嗎？美國以一個聯邦制的中央政府，尚不免發生這許多問題，遑論其他！

　　由上可以看出，只要國境內有地區的差別、有種族的差別，一個集權的中央政府都是不合時宜的。勉強維持這樣的一個中央政府，如不用暴力，一定困難重重。所以世界上版圖較大的國家，不管是名義上還是實質上，都是採取聯邦制的。原因是今日的世界，已不再能由一部分人統治另一部分人，由一個階級統治其他的階級，或由一個民族統治其他的民族。大家既然組成一個國家，大家都應享有一樣的權利。要是你不給我們同樣的權利，我們只有自決、只有獨立。所以一個總攬一切，站在高高的地位發號施令的中央集權政府，已不能適應目前的世界潮流。

　　我國自中共掌權之後，一直走的是中央集權的道路。過去孫中山先生也曾提倡過地方自治，然而不要說是共產黨，連國民黨也從沒有嘗試奉行過。這種中央集權的道路，實在是中國歷史王朝的延伸。在一個中央集權政府的統治下來談民主，等於是與虎謀皮。

那麼現在，當中國人民嚐盡了中央集權的苦頭之後的今日，恰逢毛林大權旁落的關頭，實在是一個重新考慮、及有可能實現一個嶄新的政府組織的大好時機。這是因利乘便，機會難得；如等另一個獨裁者羽毛豐滿以後，那就徒喚時乎，時乎，不可再了！

一個適應於中國國情的理想的中央政府

　　中國人雖然一直抱有大一統的理想，但地方觀念卻始終是非常濃厚的。譬如說過去在各大城市都有各省會館的設置，今日流亡在臺的大陸人也有同鄉會的組織。位居要津的人，不管是那一黨派，對自己同鄉的提攜，都不遺餘力。近幾十年，大家對這種現象雖眾口同聲地指責，但毫無改變。就是視此為惡現象的有識之士，他鄉遇故知，也會自覺倍感親切。其實這本是人之常情，如果有一個合理的政府組織，這種同鄉之誼，不但不會成為惡現象，且可以成為一種正面的力量。

　　現在讓我們說一說，如何把我們大一統的理想及實際的地方主義觀念融會在一起。假設我們以省為單位實行地方自決。由本省人來組織一個地方政府，由各縣的代表來選舉自己的地方長官，而不是由中央委派。地方長官要有一定的任期，且不可以連任（不要想中國只有這幾個人才，別的都是蠢材，連戴高樂對法國都不是不可少的）。然後由相近的幾省再聯成一區，譬如說華北是一區、華中是一區、華南是一區、東北是一區、西北跟內蒙可以算作一區、西南是一區、西藏是一區。這樣偌大一個中國，也不過七大區而已。由區內的各省公選一個區代表（也須有一定

的時限），然後由各區聯合組成一個中央政府，中央政府的元首不用直接民選，最好由各區代表輪流擔任。譬如說每區的代表任期三年，二十一年一區即可以重輪到一次。這樣既不違反我們的大一統的理想，也可以充分發揮我們的愛鄉土、愛鄉親的地方觀念。

我們說以省自決為基礎，並不是說只維持一個空頭的中央政府，而是說把地方政府跟中央政府的職權劃分清楚。這一點不妨參考美國的聯邦制，且可以進一步加重地方的權責。譬如說國防及外交應歸於中央，立法、財政應歸地方，重工業、交通應歸中央，輕工業、農業、教育、文化事業及警察應歸地方。地方只負按人口比例向中央繳納一定的稅款的義務，主要為發展國防、重工業及外交活動之需。至於官吏的任免及監察考核，則不聽命於中央，而由地方自決之。

既以省自決為基礎，所以只需有省政府，不須建立區政府，區代表只為輪流擔任元首而設。在一區代表任元首時，其他地區代表可以元首顧問的名義進駐中央，對國家重要問題有向元首建議的權利。元首既有一定的任期，就是想專制獨裁，也無能為力。不幸遇到強人，硬想連任，各省可以倒戈之。各省的警察力量，聯合起來足以對抗中央。且遇到這種情形，軍隊不一定即聽命於元首平亂保皇。因為元首是輪流制，各地區、各種族都有輪到的機會，少數民族也不會再有被異族統治的感覺。在這樣的基礎上，人民代表大會可有可無（其實所謂的人大或國大何嘗代表過人民）。政黨一黨多黨均無大礙。到人人都成了黨員時，也就無所謂黨了。中央政府的官員由元首聘請專家擔任；且可按照聯合國的方式，以各省人口的比例委任之。

省雖然是自決的單位，卻不是獨立的王國，人民有遷居外省或到外省謀職的自由。因此各省須努力發展自己的農業及輕工業，以保持及改進自己的物質生活水平；又須努力發展自己的教育及文化事業，以保持及改進自己的文化生活水平；不然本省的居民自然會為其他工業發達、生活水平較高的省份所吸收。因而省與省之間都會有一種和平競爭的心理，對工農業的發展，一定要比在一個集權的政府統一調理下神速得多多。

以上自然只是一種粗枝大葉的構想，詳細的設計是有關部分專家的工作。

也許有人覺得這只是一種空想，是無法實現的。其實也不盡然。以目前的情況來說，如果真自九大以後各地軍人掌握了實際的權力，而中共中央又無法把這些權力收回，同時這些軍人也頗有頭腦，不願重蹈軍閥割據的覆轍（軍閥之所以割據，乃因有統一全國的野心，今日各地掌權的軍人恐既此實力，也無此野心），那麼唯一的辦法就是尋求中央與地方勢力的妥協。在這種妥協的磋商中，就並非沒有重組、或至少修改中央政府權限的可能。如有這種可能，這番話也就不全是白說的了。

一九七〇年二月

原載一九七〇年四月《展望》第一九六期

作者按：此文寫於一九七〇年，但今日重讀其中所提的建議，正是解決今日統獨死結的最佳方案。希望關心中國未來前途的有識之士對此一方案能有進一步的討論。

作者於南臺古城　一九八八年五月

國共長期分治的利弊

　　從一九四九年在中國歷史上有重大決定性的一年算起，到今年已過了二十三個年頭。一九四九年出生的嬰兒，在今年也達到了結婚生子的年紀。二十到三十年的時間，在人類綿延的歷程上常被視為一代，我們也可以預言，在未來六、七年間，一九四九年時代的風雲人物定會全部凋殘淨盡，代之而起的將是另一代的新人。目下在大陸及臺灣雙方的政治舞臺上，均已略現端倪。在這漫長的二十三年中，國共雙方在國際勢力的制衡作用中，竟能長期地維持了一種互不侵犯，分而治之的局面，可算一種僥倖。這種局面是否能夠繼續長期地維持下去，無人可以預言，因為此事以目前的情勢而論，雖口頭上說為一國內問題，但事實上卻構成國際均勢的棋局中的一顆棋子。站在中國人的立場而言，自然無人願意長期地為外力所左右而不能決定一己之前途與命運，所以在未來另一代的新人當政時，戲劇性突變的出現亦非全無可能。我們既無力對未來的命運預卜，現在根據事實來檢討一下國共長期分治的利弊，想已是其時矣！

中共政經的目的與手段

在分析其利弊之前，應先檢視一番雙方政治與經濟的歸趨，與其為達到目的所應用的手段。

首先我們不應該懷疑初期中國共產黨人對共產主義社會嚮往之真誠。為理想而獻身的宗教感情恐也正是中共革命成功的主要原動力之一。所以，達到共產社會應該是早期中共政治經濟的最後目的。然而共產社會既不曾出現於我們這個世界的任何一個角落，我們又如何得知共產社會之具體面貌？我們對共產社會之所有認識，只有根據馬克思的描繪。可惜的是馬克思對共產社會的描繪並不如柏拉圖對他的理想國，莫爾對他的烏托邦，或康有為在大同書中對他理想的世界描繪得那般詳盡。我們所知道的，只是共產社會是一個沒有階級的各盡所能，各取所需的社會。先不用問邏輯上或實際上人類的社會是否有達到這一種境地的可能，就只說達到這種境地以後，是否即為人類之福，在今日早已引起了人們的懷疑。譬如德國的社會學者達倫道夫（R.Danrendorf）就認為社會不平等的存在，正是對趨向自由的一種鼓勵，因其保證了社會發展的動力及歷史的質量。完全平等的社會，不但此一意念是不實際的，而且簡直是可怕的。中國共產黨人，在經過了幾十年對共產社會理想的追求以後，也不能說其中無人毫無反省，對這個大問題毫無深思熟慮，只是既已走上了這條道路，半途而廢比勇往直前恐怕更要困難百倍。不少人嘴上雖然不說，心中一定抱著走走看，視環境而修正之的態度。這種態度，近幾年事實上早已反映在中共的實際政策上。並且中共

領導人也曾不只一次地承認共產社會只是一種遙遠的理想，非但己身不可及，恐也非數代子孫可以實現得了的。那麼共產社會則只能算一理想，實際上不能算作政經措施的目的。其實際目的應該限於為解決中國民生問題的在社會主義制度中的工業化。工業化今日不但是中國一國奮鬥的目標，而是世界的大勢所趨。中國不走資本主義國家的道路而走社會主義國家的道路，一方面固然有其在立國時即已與資本主義國家分道揚鑣無法步其後塵的苦衷，另一方面也真正看到了資本主義社會的短處而有意地避其覆轍。由此看來，其實際的政經目的是令人無法厚非的，有問題的端在其為達到目的所應用之手段。

中共主要的政治手段乃在「階級鬥爭」與「無產階級專政」。其實，根據這二十多年中共執政的經驗，「鬥爭」二字意義已足，因為「階級」者，可以名實相符，也可以有名而無實也。中共認為鬥爭乃促進人類進步的原動力，因此不但在人民群眾中要鬥爭，就是在領導階層中也要鬥爭；不但所有的政經措施都要以鬥爭的方式完成之，最高領導權的更替更須藉鬥爭而行之。由過去二十多年中共的成績看來，我們不得不承認鬥爭手段之有效。一個素以老大著稱的民族，經過一鬥再鬥之後，竟然一脫其骯懶保守的積習，而精神抖擻起來。問題只在這種變化是否出自群眾之自動自發，抑且只是由一種外在的政治壓力所促成。若是僅及外表，這種變化也就並不足貴。然而無論如何，這些個變化卻足以證明「鬥爭」手段之有效。其實「鬥爭」也者，不過是形式化激烈化了的一種「競爭」。競爭在資本主義社會中本極流行，所謂有競爭始有進步，可為資本主義國家進化之寫照。在資本主義社會中，一面尊重競爭的精神，一面又以宗教成俗的規

格予以限制，使其不致過濫。中國傳統的農業社會，則一向以禮讓為尚，視競爭為賤道。今日一變而為鬥爭，可謂過猶不及了。客觀事物本有其矛盾與統一之兩面，如全由矛盾觀之，則捨鬥爭無他。短期內有效之手段，是否長期亦有效，實有值得今日吾人深慮之。是以「鬥爭」之手段，固為歷史進展規律之一面，但在歷史的長線上看，做為有意識運用的手段，是否將會繼續促成中國政經正當之發展，是否為達到在社會主義中工業化的唯一有效手段，今日亦值得深入檢討。

　　至於「無產階級專政」，毫無疑問地亦為保持一小集團領導之有效手段；然而是否即為通向共產社會理想之必經無二之途徑，則大可討論。第一假使共產社會只為一永不會實現的烏托邦，則所謂達此烏托邦之途徑者則毫無意義。第二假使共產社會為一可實現之長遠理想，既為長遠之理想，則達此理想之途徑絕非唯一。如有數途徑，宜擇其優者而從之。再針對其短期目的而言，「無產階級專政」是否為達到社會主義工業化的有效手段，也值得懷疑。因為以馬克思的理論言之，凡是不能適應經濟發展的政治型態，都是落伍的，該淘汰的。蘇共中共的經濟，都可以說由於政治的型態，阻礙了經濟起飛的時間。我們只要看，像中蘇這般的大國，在經濟發展上竟落於日德之後，即是明證。其政治上的過於集權及教條主義作風，常常窒礙了經濟及工業化的進度，也是公認的事實。所以此一政治手段今日亦須檢討之。

　　中共的經濟手段，乃在計畫經濟。所謂計畫經濟，乃針對資本主義國家的自由經濟而言。其實資本主義國家中大小企業也自有其本身的計畫，中共的計畫也有經濟企業單位自負盈虧的事實，所以其差異並不在計畫與否，而是在政府對工商農等生產及

貿易單位的統治程度。資本主義國家以私人企業為主，輔之以公營企業。中共目前在工商業上早已度過了公私聯營的階段，在農業上也超過了合作社的階段而建立了財產公有的人民公社制度。可以說時至今日，只有公營企業，而沒有私人企業。同時這公營企業原則上也完全統一於國務院的通盤計畫之下。（且有時不一定是國務院的計畫，例如大躍進時的土法鍊鋼，何嘗先經國務院的專家研究。）對中國這樣一個背負著封建主義，官僚主義，保守主義，再加上帝國主義經濟軍事侵略遺跡的大國而言，無統治的自由經濟當然不是善策。不過統治經濟的程度，則值得小心研究。第一統治經濟應以不致抹殺群眾的自發性為原則。也許有人認為在私有財產制度下的自發性跟在公有制度下的自發性不同，所以在社會主義發展的過程中需要用思想改造及洗腦的方法來改變群眾的落後意識觀念。但是不要忘了這二十年來中共思想改造的成績，改造來改造去，連負責改造的人，甚至於國家主席、黨總書記、交化部長、宣傳部長等黨政重要幹部的思想無不發生問題，可見其思想改造之無效了。所以說人的基本需求，人的通性不可根本抹殺。第二，計畫經濟的策畫人（政府負責人及經濟專家）對經濟發展的認知不可能是全面的徹底的，得預先保留因時因地修正制宜的餘地。最危險的一點莫過於政治上的專政與經濟上的統治並舉，大躍進的失敗是一次血的教訓。政治領導人不應該自封為無所不知無所不曉的神明，在經濟問題上應該多參照專家及地方下級幹部的意見。

臺灣政經的目的與手段

臺灣之政經目的，理論上是以反攻大陸實行三民主義為目的。然而三民主義過去在大陸解放以前既未實行，將來即使反攻成功，是否即可實現無礙，非但一般小民無此信心，今日當政者恐怕也無從予以保證。就說反攻大陸，今日已幾成夢囈，為眾所周知之事實。所以正如中共之共產社會一般，只能以理想視之。真正可視為其政經目的者，乃在臺灣之經濟起飛，工業擴展及一般人民生活之提高。以此而論，則與大陸上以社會主義的方式來加速工業化，可說並無二致。其終極目的無非都在強國富民，提高人民之生活。所不同的只在路徑與手段方面。

臺灣過去推行過的三七五減租雖然頗著成效，但離開三民主義的理想平均地權與耕者有其田的目標尚遠。至於節制私人資本則成畫餅。非但不節制，反倒因利乘便而鼓勵之，所以臺灣才成為中外私人資本投資的天堂，以其有廉價的勞工可資剝削以達厚利也。因此在原則上臺灣所走的道路絕不是三民主義式的社會主義的道路，而是道道地地的資本主義的道路。想臺灣當政者對此也不會否認（自然也不便以此來宣傳）。臺灣在這二十多年的分治局面中，前十年還夢想反攻，所以僅視臺灣為一臨時性局面，並不十分注意工業化的問題。到了後十年才憣然改悟，體認到反攻無望，應該做長期居留的經濟計畫。於是對外鼓勵投資，援引外國的先進技術，對內獎勵生產發明，提倡儲蓄節約以俾投資。據臺省主席謝東閔光復節談話（見十月二十五日中央日報），臺灣的國民所得已達三百美元，這個數目比起歐美的工業

國家雖不足道，但比起大陸的國民所得九十美元來（此為世界銀行一九六九年公佈的一九六七年數字，以後數年幾無增進），卻多出了三倍。因此在食物、電器（包括汽車、冰箱、電視之類）的享有上，臺灣人民優於大陸人民。就是周恩來也不否認這一點（見楊振寧幾次在海外之談話）。問題只在這一點經濟上的成就是否即可為臺灣人民未來幸福生活之保證則值得進一步探討。人的幸福並非全來自物質生活。起碼的物質生活保障自然是必需的，然過此一步，人生價值觀念則更形重要。臺灣現在正陷於人生價值觀念崩潰的邊緣。因為在經濟上大量援引外資及外國技術，在軍事上依賴外國勢力的保護，在這種情形下欲保持國民的自尊心則非常不易。青年人的留學熱媚外狂就是明證。因此等於說政府給人民鋪好了一條買辦階級的道路，在此道路上的成功者無不官高祿厚或事業發達。這自然不能只責怪人民之自賤自卑與崇洋媚外。如果全體人民都有了這種傾向，不但空喊復興固有文化流於無效，恐怕將來難以繼續保持獨立之國體。在今日眾人皆有祖國的情形下，世界主義只是一句空話。沒有國家認同感的人，心理上才真正痛苦。這正是臺灣的隱憂。其次臺灣經濟的成就，很可能帶來社會階級的變動，促成中產者的興起，那麼在政治上一定也有所反映。是否不為外力所乘，值得警惕。有人指責蔣經國的出掌行政院，有父蔭子襲之嫌，其實在目前的環境下，為穩定臺灣之政治局勢，捨此別無良策。先不用說蔣經國早已掌握了軍政大權，在實力上無人可以與之抗衡，就以個人之經歷表現及幹才而論，恐怕臺灣也不易尋出第二個人來。國民黨早一輩的元老早已死的死，老朽的老朽，新起的一代則無表現的機會。要是出一次軍人政變固非臺灣人民之福，由臺獨分子來出掌大

權則勢將更趨於下流。所以客觀言之，為臺灣目前人民之福利著想，蔣經國恐為最適當的領導人選。未來在其領導下，政治是否更為開明，社會動力是否更易發揮，自然不敢預言，但至少可以穩定社會經濟，增加行政效率，促進行政人員之新陳代謝。

以上略事檢討了大陸及臺灣雙方政經的目的與手段之後，現在我們來分析一下國共雙方繼續分治的利弊所在。

國共長期分治之利

談到利弊的問題，自然先得弄清立場，因為有時對某方之利則恰為對另一方之弊。此處所著眼之利弊，既非站在中共當局的立場，亦非站在臺灣當局的立場，而是站在一個普通的中國人的立場，特別注意到大陸及臺灣雙方人民在特殊環境下之共同福利而立論。其次所謂長期的定義，過去的二十多年已成過去，且不去管它，未來三年五年自不足言長期；所謂長期者，即目前的局勢再繼續維持八年以上，也就是說超過一九八〇年。

國共繼續維持分治的局面，第一件好處，是給雙方的人民多一個政治選擇的餘地。我們知道這二十年來，有從大陸逃到臺灣的所謂反共義士，也有從臺灣返回大陸的所謂反蔣義士。數目雖說不多，那只是由於地理上遠隔了波濤洶湧的臺灣海峽，雙方又對政治逃民控制極嚴的緣故。否則，定會有大量的逃民流向雙方。然而這種有限的數目，至少發生一種象徵性的意義，給雙方的人民一個選擇的希望。如果以後雙方的領導人忽然明白過來，與其處死或扣留不滿自己政權的人民，反不如乾脆令其自由尋找出路去到對方親身經驗一番，則更為雙方人民之福。

第二，在經濟上臺灣獨立的發展可以給大陸一種激勵作用。如果臺灣居民的生活迅速提高，而大陸人民的生活卻全不見改善，當政者就是居心不顧民瘼，但恐在國內既不易對黨中的同儕交代，在國外又如何再向外人宣傳其政治制度之優良？

第三、只要臺灣方面不啟戰端，臺灣的地位反倒在軍事上可構成一緩衝地帶。因為有臺灣居間，大陸可不必直接跟美國勢力衝突。目前美國已公開聲明臺灣是中國的國土，中共將來甚可以越過臺灣的現實存在跟美國建交，一如跟日本建交然。那時候國際上既都已承認臺灣為中國之領土，但事實上臺灣跟美日等資本主義國家又有依存的經濟關係。這樣北京在外交上倒多了一種進退的自如，因為說到底臺灣不是外國的殖民地，臺灣問題是中國的內政問題。

第四、臺灣的存在可以緩和中共的教條主義傾向。中共最可怕最叫人生厭的一面就是教條主義。如果有臺灣存在，北京的當政者在心理上至少感覺並非「天無二日」，並非「普天之下莫非王土，率土之濱莫非王臣」，到底還有些不肯臣服的叛逆者。那麼午夜夢廻捫心自問時，就會想一想是不是自己的所作所為全為萬民之所望。

第五、對台灣的居民而言，如果對繼續分治有望，知道目前的局面不發生變動，在心理上可以暫時緩和被共產的恐懼。二十多年的反共教育，對臺灣的居民而言，尤其是年輕的一代，「共產」二字所代表的意義就是「洪冰猛獸」。這簡直成了一種不假思索的刺激反應，因此一提到共產，臺灣的居民先就有一種恐懼感。國人常罵在國外的「臺獨」人士為漢奸，為數典忘祖者，殊不知有些臺獨人士焉不知其本為炎黃子孫，只是為了太恐

懼共產黨,才選擇向外人投靠之一途,認為這是脫離共禍的唯一途徑。所以「臺獨」人士今日之成績,反共教育也有其心理上的貢獻也。現在臺灣的居民剛剛嚐到了經濟起飛的甜頭,尤其怕共產。如急切令其選擇,很可能做出不加深思熟慮而為後世子孫遺恨的不智之舉。

國共長期分治之弊

以上是目前所可見到的好處。然而如國共長期繼續分治,其弊之處也不在少。

第一、長期分治自然影響雙方中國人的彼此認同。大陸的中國人可能愈來愈對臺灣的中國人有所偏見(如楊振寧在海外談話中所反映周恩來對臺灣中國人的看法),臺灣的中國人,特別是新生的一代,對中國大陸的離心力則會愈來愈大。舉幾個我自己的經驗為例:最近參加了一次國際學生的聚會,每個與會者在姓名下均須書明國籍,其中有幾個臺灣來的留學生均書「臺灣」。我問他們何以不寫「中國」,或「中華民國」,或「自由中國」而逕書臺灣,他們答曰:「我們是臺灣人,不是中國人!」這幾位卻也並不是所謂的臺獨分子,因為他們有的剛自臺灣來,有的今年剛回臺省親。我也記得十幾年前在臺灣某大學教書的經驗。我教的是國文,卻有一位選了課而從未謀面的學生用英文給我寫信,要求我給予及格以便畢業。後來見了面,我問他為何不用中文寫信,答曰:「我是學科學的,不必學中文,只要把英文學好就夠了,反正將來是要到美國做事的。」當時覺得教育部硬性規定國文為必修課實在遺憾,這不是白白地浪費未來的

科學家的寶貴時光麼？談到這裏又想起另一次在臺灣看電影的經驗。那是一部美製韓戰的影片，當映到美軍用機關槍，大砲血肉橫飛地屠殺中國的志願軍時，觀眾竟大鼓其掌，為美軍的勝利而歡呼。這自然多半是因為觀眾受了劇情的感染，不自覺地以劇作者的意識為一己之意識。然而所謂見微知著，在這種文化氣氛的薰陶下久而久之，臺灣人民在心理上不但越來越不會與中國認同，反倒進一步跟美國認同起來。近十年來的學英文熱、留美狂，都可以做為輔證。反共宣傳動輒把大陸稱作匪區，把大陸人民囫圇籠統地稱作共匪，結果給人民的印象是反共跟反中國不分。在臺的大陸人，老一輩的多少還有點故國家園之思，尚不致於把反共跟反中國人混同起來，然而年輕的一代，特別是臺省人，在受了日本五十年的統治之後，對中國大陸的血緣感情本就不濃，現在再整日價耳濡目染的無不是反中共、反匪區，不把中共跟中國混而為一者幾希！這也就是為甚麼有些留學生很自然地自認為臺灣人而非中國人的原因。

第二、這種臺灣居民對祖國大陸日益彰著的離心力，自然形成使中國國土再度統合的莫大威脅。按照人民自覺的原則，要是臺灣居民經公民投票心甘情願地脫離中國，在大陸的中國人又該如何應付？何況臺灣在列強的環伺之下，居心巨測的頗不乏人。如再加以外國勢力的從中挑撥操縱，臺灣的前途實不樂觀。

第三、在意識形態上，國共長期的分治自然造成臺灣居民一種奇特的思想感情。就是當政的顯要與肩負教育重責的知識分子也把不定舵向。例如像上文所言如何有效地長期地把反共跟反中國區分開來，就是一大難題。再說老一輩的政要名流，一面大

倡復興甚麼固有文化，一面又暗暗地（或者根本就是堂堂皇皇地）把自己的子女送出去做美國公民，也叫人覺得這些人賣的只是狗皮膏藥。在這種長期的心理矛盾糾纏之下，怎能維繫國民的心理健康？因此人格分裂者有之，徬徨失落者有之，趨炎附勢者有之，認賊作父者有之，賣身投靠者有之……這種種現象自然無時無地無之，只是無有今日之猖狂！這種矛盾複雜的心理，臺獨人士代表得十分徹底。也許有些人說臺獨分子只是少數，然而誰又做過統計？誰又知在臺的居民中有多少人具有臺獨分子一般的心理？

第四、前文已經論過，臺灣的獨立，非獨對臺灣居民本身的前途沒有甚麼保障，在中國本土影響亦大。因為臺灣以區區一島而獨立，勢不能避免接受另一強大外力之保護。如此一來，臺灣之資源固無須論，大陸東南幾省在軍事上馬上就直接地暴露於外國的軍事威脅之下。美國對原為外鄰的古巴之有俄軍備尚不可忍受，中國又豈能容忍豎立在原為自己領土上的敵人之軍事基地？國共長期的分治，不用說只會增強臺灣脫離的傾向，而不會削弱之。

第五、若說國共只是長期分治，臺灣並不謀獨立之道，則對台灣在國際外交上的地位頗為尷尬。聯合國裏既得不到席位，甚至跟各國與北京同時建立雙線外交也不可能。到頭來，既不能代表中國，又不會代表臺灣，唯一的外交途徑只有繼續依賴另一強國。先不說他人是否可恃，僅長期地在外交上依賴他國，其損失就不止限於有損國格了。何況除了外交以外，還有經濟的依賴。臺灣目前以為吸引大量外資籍以發展工業為得計，殊不知經濟控制權如一旦落入人手，泥足將無法自拔。

結語

綜上所述，可知國共繼續長期分治，其利弊參半。如何在長期分治的局面下避其弊而趨其利，如何在結束分治的時機中興利而革弊，這就端視雙方執政者的決策與因勢利導的手段了。如果今日中國大陸的政治局面有所改革，削除了臺灣人民的恐共心理，分治的局面也就容易結束。唯如大陸上的執政者全不肯自我檢討，一味只指責臺灣人民的不義，則等於逼狗跳牆。要知道買辦階級與賣身投靠的心理，一旦成了一種社會現象，則已非個人之過。譬如說在中日戰爭時，少數的幾個個人與日偽合作，國人可以視之為漢奸，甚至可以執行槍決以快人心。但宋明末日，整個國家都淪於蒙滿之手，全民皆成了順民，又豈能呼全民為漢奸乎？又豈能屠全民以張正義乎？這也是量變促成質變的道理。但願中共執政者不要居心促成臺灣人民之質變。

對中共的政策，臺灣當局繼續以外敵的姿態，謾罵的方式對付之，也是不智之舉。其最大的弊害，正如上文所言易使下一代的年輕人把中共跟中國混而為一。臺灣當局如現在明知反攻無望，就該徹底檢討自己的國策。如仍願以中國人自居，也應負起對大陸的政治施行積極的批評而非消極的謾罵的責任。應設法使臺灣的措施與言論對大陸發生具體的影響力。問題卻在對共產主義運動的批判，封建保守的或資本主義的觀點均不能為功，只有以一種比共產主義運動更進步的觀點始可批判之。也就是說要對共產主義產生新的反動，正如共產主義之反資本主義然，始可有資格批其缺失。然而不幸，今日吾人只在臺灣見到大陸之影響

（如臺灣也喊「自力更生」、「不怕苦、不怕死」之口號），在大陸卻見不到臺灣的影響。如果臺灣真正想形成決定中國前途的一種主導力量。那麼只是經濟的起飛是絕對不夠的，最主要的還是得在思想的開放上、社會的改造上下點功夫。

一九七二年，十二月，二十五日

原載一九七三年二月《展望》第二六四期

關於中國統一問題

　　有人認為有了共產主義，民族主義就已經過時了。然則民族主義是否真已經過時了呢？是否在我們這個世界上不再起作用了呢？我們只要看看今日中東阿拉伯國家與以色列之間的緊張局勢、美國的種族問題、東南亞諸國的排華潛勢，就知道民族主義的火種仍然發揮著巨大的潛在作用，不然，蘇聯，中國、北韓、北越、東歐等。沒有理由不可以熔成一個真正的社會主義大家庭。

　　其實，民族主義所以產生的原因，乃由於民族之間的差別。反言之，只要民族之間的差別仍然存在，民族主義的作用就不會自行消失。中國既然是由一個異於其他民族的中華民族組成的國家，自然中國也有中國的民族主義。不但孫中山先生把民族主義列於三民主義之首，中共建國之後國旗上的五顆星星不是也象徵著五族共和嗎？可見中共也並不完全否認民族主義。

　　在歷史上，民族主義常常發生著正反兩面的作用。我國反清、反日時固然大倡民族主義，日本、德國發動侵略戰爭時何嘗不曾大倡民族主義？所以同是一個民族主義，因環境時機的差別，在道德評價上可以產生兩種截然不同的後果。由此看來，民族主義之存在固然不可厚非，但民族主義是否值得提倡，則全視環境時宜而定。

中共自建國以來，偏重社會經濟組織的改造，在政治思想及政策上強調的是階級鬥爭。過去在抗日戰爭時所強調的民族統一戰線問題，則因事過境遷，不再為人所提起了。然而階級鬥爭，是不是就是絕對的真理呢？我們覺得這個問題，正如民族主義一樣，也出不了因果關係律。所以產生階級鬥爭，乃由於有階級的差別；如沒有了階級的差別，自然也不應再有階級鬥爭。中共在實施土改時，為了消滅地主資產階級而強調階級鬥爭，自有其道理在。但在地主資產階級已經不存在了的今天，仍然大喊階級鬥爭，所指為何，即令人頗為費解。如只為了打倒不容於己的政敵，事實上已不是階級問題，何苦一定要指為階級鬥爭？結果鬥來鬥去，鬥爭之實雖然不差，階級之名卻大有問題（至少不是馬列所謂的階級鬥爭）。退一步說，如果說階級鬥爭是消滅階級的有效武器，二十多年無休無止的鬥爭，按理早該已消滅了階級。如尚未消滅階級，則此武器的有效性也該值得檢討了。

當一個國家、一個社會在經濟生產上、在社會組織上已步入穩定的狀態之時，在政策上便不應專強調辯證法上的一分為二而故意忽略其合二為一。辯證法做為一客觀事物發展的規律是一回事，做為主觀的思考及決策的工具又是一回事。後者自當有其「時宜」性。我很同意在巴黎大學教辯證法的喬治·古爾奇（Georges Curvitch）所說辯證法的主要任務乃在打破一切的教條主義。一定固執在一分為二的階段上，不但絕對是教條主義，而且亦不成其為辯證法了。人與人之間的關係，本來就是又對立又統一。如果一味在鬥爭上著眼，則勢必你看我也不順眼，我看你也不順眼。就是親如夫妻、父母子女者，如專注意其可厭可恨的一面，也不是不會弄到勢不兩立的地步。所以如真正活用辯證法

的原則，今日中國又應該到了合二為一的階段。也就是說在政策上應該再重新來倡導民族主義，代替喊了二十多年的階級鬥爭，以俾暖一暖中國人寒戾的心了。

由最近的時局變化看來，中國的領導人不是不知求變的，也不是不明白現實的力量。所以連尼克森這種一向為中共目為萬惡的帝國主義的頭子的人，也竟成了座上的貴賓。就憑毛氏伸手與尼克森那麼一握，足見其是一位深諳辯證法的老手。毛氏一向也是主張又鬥爭又團結的，該鬥爭的時候鬥爭，該團結的時候團結。不用說，現在由毛氏看來一定是又到了該團結的時機了；不然何以忽然去歡迎一個帝國主義的大反動派？然則是什麼造成了這種時機呢？大概不外一方面國外遭受著蘇聯大軍壓境與原子突襲及日本再武裝的威脅，另一方面國內也產生了自發的工業與科學技術發展的壓力。在這種現實的環境下，就不得不修正既訂的政策。在此我們應該問一句：連美國帝國主義者都可以團結，難道中國自己人反倒不能團結嗎？然而如欲團結中國自己人，階級鬥爭是不能為功的。階級鬥爭早就嚇破了海外中國人的膽，恐怕就連國內的無產階級也未必不聞聲而膽顫心驚。倒是民族主義的團結運動一定會產生預期的效用。而且在目前的環境下，這種效用一定只是正面的，而絲毫不帶有任何侵略的性質，自然也不會有違於世界革命的遠景。

民族主義既然在世界上其他種族的心臟裏發酵，中國人又豈能例外？常言道：血濃於水。以英民殖民後裔為主的美國人，在獨立戰爭時跟英國人大殺大砍一陣後，不是仍然把英國看做是關係最親密的與國嗎？再看加拿大魁北克人當年對戴高樂如癡如狂的歡迎態度，還不也是因為他們身體裏都流著高盧人的血液？

因此，海外的中國人又那能忘了自己的祖國？海外的中國人不是不願看到祖國的統一，只是不願再見同胞的血無謂地白流。未來中國的統一問題只能建築在民族主義的基礎上。這是中國人自己的內政問題，只要是中國人，不管身居國內還是海外，都有權利也有義務認真地討論這個問題。唯獨外國，不論美國還是日本，卻沒有任何置喙的餘地。

老一代的恩怨，絕不能強加於下一代的身上；何況任何恩怨都會為時間所沖淡的。真正的癥結只在目前中國統一所面臨的經濟結構與思想意識的問題。如果以大魚吃小魚的方武，絕對犧牲一方面，遷就另一方面，那也就不是基於民族主義的原則了。基於民族主義的原則的統一，應該是通過談判，藉這個機會雙方對自己的政策都徹底地檢討一番，目的使所有的中國人，不分漢滿蒙回藏，不分地域，不分職業，不分教育程度，都可以享受到大家庭團結的溫暖，而不是無休無止的鬥爭。

原載一九七二年《展望》第二四七期

青年的話

　　在這個世界上誰有說話的權利？如果說五十歲以上的人有這種權利的話。五十歲以下的人理當更有這個權利！

　　六十五歲，幾乎是各國通用的退休年齡，在這個年歲以上的人且不去說他。六十五歲以下五十歲以上的，按照傳統的看法，正是一個人的黃金時代，因為他們已積累了足夠的人生經驗，而精力還相當充沛。好，這正是大有作為的年紀，就請你們領導我們吧！大概，在這個世界上真正負領導責任的，也正是這個年紀的人。可是，不幸，這些人把我們的世界領到哪兒去了？不客氣地說，領到了懸崖的邊緣，死亡的邊緣！目前的境況是：戰爭威脅著我們！饑餓威脅著我們！政治恐怖威脅著我們！污濁的環境威脅著我們！也許這些人心裏說：「管他呢！反正我最多不過再活二十年！」然而五十歲以下的就完全不同了，擺在面前的還有好幾個二十年，我們不能「管他呢」！我們要活下去；不但要活下去，而且要活得像個樣子。未來的世界是我們的，我們理當、應該更有對世界大事參與意見的權利！

　　可是很不幸，幾乎全世界所有國家的輿論機構都操縱在五十歲以上的人的手裏。哈哈！我們是有經驗的，有權利的，只有我們上了年紀的才可以大言不慚，信口雌黃，你們這些毛頭小子懂甚麼！要是你們居然也膽敢胡說亂道，那就是造反、忤逆，目無父兄，

離經叛道！可是年輕人畢竟不是被吹鬍瞪眼的幾聲怒喝就嚇得住的。你們不准我們在報章上開口、在電臺上開口、在所有公眾輿論機關裏開口，好，我們到街上去！冒著軍警的催淚彈、催命棍到街上去！冒著頭破血流的危險到街上去！到街上以後，不但用言語，而且用行動，說出我們要說的話。未來的世界既然是我們的，我們就不能袖手旁觀讓你們不負責任地任意擺佈我們的命運！

這就是為甚麼世界上幾乎所有國家的年輕人，特別是學生們都跑上了街頭的原因！

世界已經不同了！

今天這個世界已經不同了。不要說比五十年前，就是跟二十年前比起來也已大不相同了！

二十年前日本人可以無緣無故侵入中國的國土，屠殺手無寸鐵的中國百姓；二十年前希特勒可以在一日之間毒殺幾十萬無辜的猶太人；二十年前史達林為了獨攬獨裁的大權可以把政敵成批地暗殺或關入集中營；二十年前美國的黑人無聲無息地匍匐在白人的腳下。今天呢？今天雖然還有相類的暴行，可是這些暴行已不再是光明正大的了，已不再是理所當然的了。如果你想再玩同樣的把戲，若不是鬼鬼祟祟躲過世人的耳目，你定當受到眾口交責，特別是年輕一代的唾棄！這並不是說我們今日的世界已經比過去美好了多少，但至少顯而易見地比過去朝前跨進了一步。這步子而且並不就此終止，還要繼續不斷地向前邁進。

不錯，對這種進步，現在五十歲以上的人是貢獻了力量的；可是如果他們自己不跟時代同一步伐，他們馬上就變成了落

伍者。我們看歷史上充滿了這種例子：一個最前進的革命者，不到幾十年的工夫就變成了一個絕頂頑固的反動派，到了不能不被人所革的地步。時間是絕對無情的，倘若你不緊追上幾步，不管你過去有多大的勳績，也會被時代的輪子榨作齏粉！

我們現在這個世界

我們現在的世界雖說比從前跨進了一步，可是同時也面臨了前所未有的危機。如果說在道德上的進展不足一分，在軍事上的進步卻有十分。以前不過是船堅砲利，現在卻發明了製造在一分鐘之內就可以摧毀小至一城大至一國的原子彈、氫彈、核彈！也有可使幾百萬大軍同時癱瘓的毒氣或細菌！照這樣繼續發展下去，說不定幾十年後還要發明出可以一舉而毀滅全球的甚麼彈、甚麼氣、甚麼菌。過去出現一個希特勒，不過是幾十萬或幾百萬人命的事；今日如再出現一個希特勒，事情就不如此簡單了。在這樣的危機之前，我們怎能不膽顫心驚？怎能對世界的大事不聞不問呢？

像希特勒這樣的人還有沒有再出現的可能呢？回答是大有可能的，因為培養希特勒的土壤依然存在。事實上今日在地球上不同的角落裏，不是正有幾個小型的希特勒生長著嗎？不是正有人在用小規模的屠殺做著試驗嗎？這些人是誰！這些人正是領導著我們的五十歲以上的人哪！

這些是有經驗的人，這些是有能力的人，這些是有思想的人。也就正因為他們有經驗，才可以操持軍政大權；也就正因為他們有能力，才可以有效地殺人；也就正因為他們有思想，才可

以做出周密的計劃，把全人類推到絕望的邊緣。但是我們必須讓他個聽一聽的我們的話，我們年輕的一代所要的不是戰爭，而是和平；不是饑饉，而是豐衣足食；不是政治恐怖，而是自由民主，不是污濁的環境，而是清新的自然！

問題是他們肯聽嗎？能聽嗎？願意聽嗎？如果他們不肯、不能、不願意，我們得設法讓他們肯！讓他們能！讓他們願意！

兩種人

這個世界上有兩種人：一種是五十歲以上的，一種是五十歲以下的。這裏的劃分不是以生理的年齡，而是以思想的年齡。要是一個人實際上過了五十，思想上卻依然跟著時代前進，那麼他仍舊是五十以下的青年；反之，一個二十多歲的小伙子，人雖年輕，思想行動卻是暮氣沉沉反動腐化，那他應當歸入老頭子的行列。

前一種人的特徵是頑固、自私、驕傲、偏頗，絕不肯聽取他人的意見，也不肯睜開眼睛自己觀察一下現實。因為他們不肯聽取別人的意見，又不肯自己觀察現實，所以只能堅持一己的成見。成見就是培養罪惡的最佳土壤。在這些成見之中，最顯著、最反動，而最應該革棄的有四種：一是種族的成見、二是國界的成見、三是階級的成見、四是思想主義的成見。

全怪上帝當初造人的時候弄出來種種花樣，不但在膚色上有黑黃白的不同，還有身材的高矮、鼻子大小的差別。這些個不同的人種在初次相逢的時候，彼此歧視、敵視甚至於仇視是不可避免的。然而事實最有力量，譬如在美國的黑人，絕不因為遭受

歧視、敵視或仇視就無聲無息地自行消滅。既然是一種不可變更的事實，就不能不予以接受。不過接受的方式多種，每一個時代有每一個時代特有的秩序。五十年前是某些白色人類學家種族優劣進化遲速學說所造成的秩序。這種學說不但使白種人自視理所當然地超出於其他種族之上，就是有色人種自己也發生了自輕自卑的感覺。所以亞非有色人種國家成為白色種族的殖民地是理所當然，美國的黑種人做白種人的奴隸是理所當然，有色人種可以被白種人任意打殺而沒有法律的保障是理所當然！這些五十年前的理所當然，到了今日已不能再被視作理所當然了。不但不能被視作理所當然，而且成為應該革棄的反動思想。可是事實上這種舊秩序的勢力仍然猖獗，美國的黑人依然遭受歧視，依然可以被任意打殺而無應有的法律保障。南非的法律則公然訂有種族的等級。中南美洲的國家雖無明文規定，但事實上印地安人的後裔絕難側身於所謂的「上流社會」。巴西且有計劃地消滅印地安人的公開陰謀。是誰在支持著這些五十年前的舊秩序呢？是五十歲以上的人，以及極少數的一撮應該列入老頭子行列的蠢劣青年！

　　二次大戰以前的希特勒、墨索里尼、東條英機，無不是國家主義的狂熱信徒，以國家之名，行侵略之實。國家的存在是不是絕對需要呢？五十年前的答案毫無疑問是肯定的。但今日稍有頭腦的人恐怕已不會再持同樣的論調，更不會再隨聲附和那些藉著國家之名而行侵略之實的野心家。可是事實上今日國家尚沒有消滅。不但國家不會消滅，國家的偏見依然根深柢固地深植在某些人的腦子裏。就連口口聲聲大倡國際主義的社會主義國家也沒有拋棄這種成見；要不然十年前不會有匈牙利事件的發生，十年後不會有捷克的重蹈覆轍。實際上國家只有消極存在的理由，那

就是當一個集團的人民遭受另一個集團的人民侵凌迫害的時候。相反地，當一個集團向外擴張的時候，國家只會成為一個製造罪惡的觀念。今日是誰仍然支持這種製造罪惡的觀念呢？是五十歲以上的人跟一小撮應該列入老頭子行列的蠢劣青年！

五十年前在資本主義鼎盛的時代，無產階級是被視作畜牲的，這是階級的偏見；五十年後在某些社會主義國家，有產階級的後裔被視作罪人，豈不也是階級的偏見？經濟制度的改革是為了消滅階級的基礎，在沒有了階級基礎的社會中依然堅持階級的偏見，則不過是為了達到政治的目的而故意傳播仇恨的惡劣手段！今日是誰仍然運用這種手段迫害無辜呢？是五十歲以上的人跟一撮應該列入老頭子行列的蠢劣青年！

一種主義、一種思想，只是改進人類生活、製造人類幸福的工具；工具則需要隨時隨地根據人類現實的需求而變更而修改。今日如果有誰再去鑽木取火，如不被視作傻瓜，定被看作瘋人。可是今日居然仍有人把工具當做目的，不顧人類共同追求幸福的期望，堅持一種主義的成見大事排擠廝殺。甚至於為了實現一種主義，把全人類完全毀滅都在所不惜。是誰這樣頑固不化呢？仍然是五十歲以上的人跟一小撮應該列入老頭子行列的蠢劣青年！

今天第二種人，五十歲以下的年輕人是完全不同的。我們沒有任何成見，我個需要的只是全人類的共同的幸福生活。

我們不相信有種族優劣的差別，自然環境的差異可以使各別的種族發生不同的發展。如果在相同的條件下，不管是白、是黃、是黑，都有達到某一發展程度的潛力。美國年輕一代的醫生利用不同膚色的嬰兒試驗後，對此已得到了肯定的答案。不幸在同一個國家裏依然有不少人在指責黑人天生的懶惰、愚蠢、道德

低下，進一步認為黑人之所以貧窮，所以遭受歧視，全由於他們天生的劣根性。然而，黑人之所以成為懶惰、愚蠢、道德低下，難道不可能是貧窮跟歧視所造成的嗎？直到今日，美國的黑人何嘗享受到同等的法律保障和同等的社會待遇？

年輕人總是年輕人，五十年前的年輕人跟今日的年輕人一樣地為種族的歧視而義憤填膺。巴黎八國聯軍時代的一份舊報上，就曾刊一幅非常醒目的漫畫。漫畫的上一部分畫著聯軍槍殺中國的百姓，題作「文明」；下一部分畫著中國百姓砍殺外國教民，題作「野蠻」。這對當時法國的執政者難道不是一種嘲笑和諷刺嗎？可是那個時代為鏟除種族成見而奮鬥的年輕人，今天有的墓木已拱，有的則早已被時代拋在後頭了。我們今天已不滿足於一兩幅諷刺畫的嘲弄，而是用血和汗來跟腐朽的成見拚鬥了。美國的黑人反歧視遊行常常有白種青年參加，在古巴不同膚色的年輕人已經並肩工作著，這就說明了成見夭亡的徵兆。

我們也不相信國界可以限制住未來人類的團結。目前因為交通的還不夠發達，語言、文字還存在著極大的差異，國界仍有存在的需要，但是我們絕不希望國家這一觀念再恢復到希特勒時代的定義。國家遲早有一天會消滅的。聯合國，不管其本身如何的偏頗和無力，難道不是不同國家的居民追求團結與和平共處的象徵麼？當一九六八年五月法國的學生革命運動時，年輕的一代已經要求法國政府與法律給予在法居留的外國人同樣的保障與自由。這是直到現在還不曾有過的現象。五十歲以上的人，由於他們的自私與偏狹，怎能夢想到如此心胸的寬宏？

我們也不相信階級是無法泯除的，只要經濟制度的基礎變更，沒有人再獨佔生產的資本跟工具，階級等級的基礎便無從建

立。進一步，政治從少數人的手中拿出來，歸還到大多數人的手裏，官吏不再是高高在上的統治者，而真是全心全意為人民服務的公僕，人為的階級也可以取消。蘇聯的修正主義者、捷克的革新派，受了年輕一代要求自由跟平等的壓力，也不得不把以往的階級成見修正一番。在資本主義國家中，剝削無產階級固然是罪惡；社會主義國家中，剝削了所有資產階級後裔的生活權利也不能算是正當！誰都知道資產階級的形成，是人類進化中的一個階段。問題是當人類覺悟到其中的罪孽後，自當努力蕩除這種不合理的制度，而不是把仇恨的種子播進下一代的心中，使無辜的青年永遠背負著一個羞恥與仇恨的烙印。因此在目前資本主義國家和社會主義國家中的學生運動，便表現了兩種不同的傾向：前者在向剝削制度開火，後者則向領導階級的偏見開火。現在越來越清楚，社會主義國家中某些領導人的竭力鼓吹階級仇恨，其目的已從社會改革轉化為個人權力的鬥爭。為了保持一個人或一部分的權勢所硬性劃分的階級，怎能使明眼的青年人甘心接受呢？

我們更不相信一種主義可以代表絕對不變的真理。倘若真有永恆不變的真理的話，那一定是一種看不見抓不住的東西。幾千年前的老子已經領悟到了這一點，而今天竟有人把一種主義迷信為絕對的真理，可見人類的智慧在幾千年中並不曾進步多少。資本主義之不能完全普遍地造福人群，是早已經為人所公認的了；共產主義之不能完全普遍地造福人群，則是直到近十幾年來才得到了證實。兩者既是半斤八兩，換湯換藥都變成了毫無意義的事。現代的年輕的一代看穿了這種迷信主義的禍害，所以雖參加各種政治組織，但絕不為其所限，這也就是為甚麼世界上充滿

了嗜著資本主義的果實反資本主義、打著紅旗反紅旗的年輕人。
不論甚麼主義，如果一旦發現它不能為人類造福，則大力修之！
不論甚麼權威人物，如發現他不能為人群造福，則大力反之！

理想與現實

　　過去我們所看到的理想是甚麼呢？就是有些瘋子為了追求
一個渺不可見的理想，把他人弄到粉身碎骨都在所不惜。但只要
這個理想一碰到他個人的私利，他又會馬上把理想丟到九霄雲
外。譬如說中共有些領導人會大叫為了加速社會主義建設，為了
建立原子武力，叫百姓把腰帶紮緊，甚至於不穿褲子，就是整天
喝西北風都無所顧惜。可是他們自己有沒有不穿褲子，有沒有紮
緊了腰帶去喝西北風去？打中共要人的照片上看來，他們每個人
的褲子都穿得好好的，西北風不用說也不曾喝過，不然他們一定
不會長得這般腦滿腸肥。如果真正要他們自己去喝上兩天西北
風，他們一定會馬上發覺不但原子武力，就是社會主義的建設都
沒有甚麼重要了。最要緊的還是先啃上一個饅頭然後再說別的。
又如美國的越戰跟蘇俄的侵捷說明了甚麼？不過說明了他們所標
榜的理想都是些騙人的把戲。美國是向以民主與自由自吹自擂
的，但為甚麼別人就不能講別人的自由民主呢？難道說美國援越
的目的真正是為了救越南人於水火嗎？如是，何獨厚越南而薄東
歐？再說用砍掉腦袋的方式去醫治一個人的頭痛，也未免太過份
了。大國欺人就是大國欺人，用不著玩弄甚麼遮羞布。不信，你
看，誰又敢派大軍到華盛頓援助援助黑人的暴動呢？蘇聯是大倡
世界主義的，按理說應該按著這個偉大的理想做事了，可是當捷

克的人民剛喘了一口氣的時候，坦克車派來了。這時候甚麼國際主義、共產理想都可以拋到腦後了。這就是國與國的關係。

人與人之間的關係又怎樣呢？上一代的父母教育子女，不管在東方還是在西方，無不是助人呀，愛人呀的那一套，可是他們自己的行為立刻否定了他們嘴上的一切。有了一部汽車的人家，覺得還不夠方便，最好是老爺一部，太太一部，絕對不會想到他還有一個一日三餐不繼的窮鄰居。紐約摩天大廈裏的闊太太們的一隻狗吃著十元美金一餐的特製狗食，她們何嘗瞅一眼中央公園那一邊貧民窟還有在垃圾堆裏覓食的黑孩子！

這就是這一代的年輕人看到的、聽到的上一代的理想與現實。所以這一代的年輕人才都瘋狂了、不可理喻了。他們從養尊處優的家庭裏走出來，光著腳板、穿著破爛的衣服去流浪、去吸毒。橫豎這個世界沒有甚麼公道，怎樣生活又有甚麼關係？他們打從設備優良的學府裏走出來，大喊打倒資本主義，在他們自己的父母面前揮著拳頭。這個世界既是如此缺乏公道，又怎能怪他們憤怒瘋狂呢？

我們的未來在哪裏？

我們這一代，在侵略戰爭中長大的一代、在腐化自私的社會中長大的一代、在核戰陰影的威脅下長大的一代，我們未來的希望在哪裏呢？我們的未來是不能寄託在老年人的手中的，他們的自私與偏見使他們全不肯、也不能替我們的未來著想；我們應該自己站起來去把握我們未來的命運。如果目前的學校是為支持上一代的自私與偏見而設的，我們就把這樣的學校改一改。如果

我們這個社會已凝固在上一代的自私與偏見裏，我們就砸碎它，另外按照我們的理想建設一個合理的新社會。我們必須把我們的未來操在自己的手中，才會有從侵略、腐化、核子戰爭的種種陰影中掙脫出來的希望！

附記

這篇文章雖為我所寫，但並非只代表了我一個人的意見。我教書教了十來年，也走了好幾個國家，到處所接觸的都是跟我相若的年輕人。我跟這些年輕人，從來都是暢所欲言，絕無隔閡，跟我與上一代的人接觸的經驗是大不一樣的。這一代的年輕人縱然有許多令上一代看不入眼的缺點，但他們對世事的正義感、寬宏的心胸與敢做敢言的勇氣不能不令人折服。不正是他們代表了我們未來的希望麼？因此使我覺得應該永遠跟他們站在同一條思想戰線上。即使我自己超過了五十歲的時候，我也期望永保著青年時代的純真與勇毅。至少，那時候，應該多聽聽那時候的青年人的意見。謹以此文獻於當代的青年。

原載一九七一年二月《展望》第二一六期

馬森著作目錄

一、學術論著

《莊子書錄》，台北：台灣師範大學國文研究所集刊，第二期，1958年

《世說新語研究》，台北：台灣師範大學國文研究所，1959年

《馬森戲劇論集》，台北：爾雅出版社，1985年9月

《文化‧社會‧生活》，台北：圓神出版社，1986年1月

《東西看》，台北：圓神出版社，1986年9月

《電影‧中國‧夢》，台北：時報出版公司，1987年6月

《中國民主政制的前途》，台北：圓神出版社，1988年7月

《國學常識》（馬森與邱燮友等合著），台北：東大圖書公司，1989年9月

《繭式文化與文化突破》，台北：聯經出版公司，1990年1月

《當代戲劇》，台北：時報文化出版公司，1991年4月

《中國現代戲劇的兩度西潮》，台南：文化生活新知出版社，1991年7月

《東方戲劇‧西方戲劇》（《馬森戲劇論集》增訂版），台南：文化生活
　　新知出版社，1992年9月

《西潮下的中國現代戲劇》（《中國現代戲劇的兩度西潮》修訂版），台
　　北：書林出版公司，1994年10月

《二十世紀中國新文學史》（馬森、邱燮友、皮述民、楊昌年合著），板
　　橋：駱駝出版社，1997年8月

《燦爛的星空──現當代小說的主潮》，台北：聯合文學出版社，1997年
　　11月

《戲劇──造夢的藝術》（戲劇評論），台北：麥田出版社，2000年11月

《文學的魅惑》（文學評論），台北：麥田出版社，2002年4月

《台灣戲劇──從現代到後現代》，台北：佛光人文社會學院，2002年6月

《中國現代戲劇的兩度西潮》再修訂版，台北：聯合文學出版社，2006年
　　12月

〈台灣實驗戲劇〉，收在張仲年主編《中國實驗戲劇》，上海人民出版社，2009年1月，頁192-235。

《戲劇——造夢的藝術》（戲劇評論），台北：秀威資訊科技公司，2010年12月

《文學的魅惑》（文學評論），台北：秀威資訊科技公司，2010年12月

《台灣戲劇——從現代到後現代》，台北：秀威資訊科技公司，2010年12月

《文學筆記》（文學評論），台北：秀威資訊科技公司，2010年12月

《與錢穆先生的對話》（學術評論），台北：秀威資訊科技公司，2011年4月

《文化‧社會‧生活》（社會評論），台北：秀威資訊科技公司，2011年9月

《中國文化的基層架構》（論著），台北：聯經出版公司，2012年3月

《世界華文新文學史——中國現代文學的兩度西潮》（五卷本文學史），台北：印刻出版公司，2014年12月。

二、小說創作

《康橋踏尋徐志摩的蹤徑》（馬森、李歐梵、李永平等合著），台北：環宇出版社，1970年

《法國社會素描》，香港：大學生活社，1972年10月

《生活在瓶中》，台北：四季出版社，1978年4月

《孤絕》，台北：聯經出版公司，1979年9月

《夜遊》，台北：爾雅出版社，1984年1月

《北京的故事》，台北：時報出版公司，1984年5月

《海鷗》，台北：爾雅出版社，1984年5月

《生活在瓶中》，台北：爾雅出版社，1984年11月

《巴黎的故事》，台北：爾雅出版社，1987年10月（《法國社會素描》新版）

《孤絕》，北京：人民文學出版社，1992年2月（加收《生活在瓶中》）

《巴黎的故事》，台南：文化生活新知出版社，1992年2月

《夜遊》，台南：文化生活新知出版社，1992年9月

《M的旅程》，台北：時報出版公司，1994年3月（紅小說二六）

《北京的故事》，台北：時報出版公司，1994年4月（新版、紅小說二七）

《孤絕》，台北：麥田出版社，2000年8月

《夜遊》，台北：九歌出版社，2000年12月

《夜遊》（典藏版）台北：九歌出版社，2004年7月

《巴黎的故事》，台北：印刻出版公司，2006年4月

《生活在瓶中》，台北：印刻出版公司，2006年4月

《府城的故事》，台北：印刻出版公司，2008年5月

《孤絕》，台北：秀威資訊科技公司，2010年12月

《夜遊》，台北：秀威資訊科技公司，2010年12月

《北京的故事》，台北：秀威資訊科技公司，2011年3月

《M的旅程》，台北：秀威資訊科技公司，2011年3月

《海鷗》，台北：秀威資訊科技公司，2012年3月

三、劇本創作

《西冷橋》（電影劇本），寫於1957年，未拍製

《飛去的蝴蝶》（獨幕劇），寫於1958年，未發表

《父親》（三幕），寫於1959年，未發表

《人生的禮物》（電影劇本），寫於1962年，1963年於巴黎拍製

《蒼蠅與蚊子》（獨幕劇），寫於1967年，發表於1968年冬《歐洲雜誌》
  第9期

《一碗涼粥》（獨幕劇），寫於1967年，發表於1977年7月《現代文學》復
  刊第1期

《獅子》（獨幕劇），寫於1968年，發表於1969年12月5日《大眾日報》
  「戲劇專刊」

《弱者》（一幕二場劇），寫於1968年，發表於1970年1月7日《大眾日
  報》「戲劇專刊」

《蛙戲》（獨幕劇），寫於1969年，發表於1970年2月14日《大眾日報》
  「戲劇專刊」

《野鵓鴿》（獨幕劇），寫於1970年，發表於1970年3月4日《大眾日報》
  「戲劇專刊」

《朝聖者》（獨幕劇），寫於1970年，發表於1970年4月8日《大眾日報》
  「戲劇專刊」

《在大蟒的肚裡》（獨幕劇），寫於1972年，發表於1976年12月3~4日《中
  國時報》「人間副刊」，並收在王友輝、郭強生主編《戲劇讀本》，
  台北二魚文化，頁366-379。

《花與劍》（二場劇），寫於1976年，未發表，收入1978年《馬森獨幕劇集》，並選入1989《中華現代文學大系》（戲劇卷壹），台北九歌出版社，頁107-135，1993年11月北京《新劇本》第六期（總第60期）「93中國小劇場戲劇展暨國際研討會作品專號」轉載，頁19-26。（1997年英譯本收入 Contemporary Chinese Drama, Hong Kong, Oxford university Press, pp. 253-374.）

《馬森獨幕劇集》（內收《一碗涼粥》、《獅子》、《蒼蠅與蚊子》、《弱者》、《蛙戲》、《野鵓鴿》、《朝聖者》、《在大蟒的肚裡》、《花與劍》九劇），台北：聯經出版社，1978年2月

《腳色》（獨幕劇），寫於1980年，發表於1980年11月《幼獅文藝》323期「戲劇專號」

《進城》（獨幕劇），寫於1982年，發表於1982年7月22日《聯合報》副刊

《腳色》（《馬森獨幕劇集》增補版，增收進《腳色》、《進城》，共11劇），台北：聯經出版社，1987年10月

《腳色——馬森獨幕劇集》，台北：書林出版公司，1996年3月

《美麗華酒女救風塵》（十二場歌劇），寫於1990年，發表於1990年10月《聯合文學》72期，游昌發譜曲

《我們都是金光黨》（十場劇），寫於1995年，發表於1996年6月《聯合文學》140期

《我們都是金光黨／美麗華酒女救風塵》，台北：書林出版公司，1997年5月

《陽台》（二場劇），寫於2001年，發表於2001年6月《中外文學》30卷第1期

《窗外風景》（四圖景），寫於2001年5月，發表於2001年7月《聯合文學》201期

《蛙戲》（十場歌舞劇），寫於2002年初，台南人劇團於2002年5月及7月在台南市、台南縣和高雄市演出六場，尚未出書。

《雞腳與鴨掌》（一齣與政治無關的政治喜劇），寫於2007年末，2009年3月發表於《印刻文學生活誌》。

《馬森戲劇精選集》，台北：新地出版社，2010年4月

《花與劍》（重編中英文對照本），台北：秀威資訊科技公司，2011年9月

《蛙戲》（重編話劇與歌舞劇本），台北：秀威資訊科技公司，2011年10月

《腳色》（重編本，內收《腳色》、《一碗涼粥》、《獅子》、《蒼蠅與蚊子》、《弱者》、《野鵓鴿》、《朝聖者》、《在大蟒的肚裡》、《進城》九劇及有關評論十一篇），台北：秀威資訊科技公司，2011年11月

四、散文創作

《在樹林裏放風箏》，台北：爾雅出版社，1986年9月

《墨西哥憶往》，台北：圓神出版社，1987年8月

《墨西哥憶往》，香港：盲人協會，1988年（盲人點字書及錄音帶）

《大陸啊！我的困惑》，台北：聯經出版公司，1988年7月

《愛的學習》，台南：文化生活新知出版社，1991年3月（《在樹林裏放風
　　箏》新版）

《馬森作品選集》，台南：台南市立文化中心，1995年4月

《追尋時光的根》，台北：九歌出版社，1999年5月

《東亞的泥土與歐洲的天空》，台北：聯合文學出版社，2006年9月

《維成四紀》，台北：聯合文學出版社，2007年3月

《旅者的心情》，上海人民出版社，2009年1月

《漫步星雲間》，台北：秀威資訊科技公司，2011年4月

《大陸啊！我的困惑》，台北：秀威資訊科技公司，2011年4月

《台灣啊！我的困惑》，台北：秀威資訊科技公司，2011年4月

《墨西哥憶往》，台北：秀威資訊科技公司，2012年3月

五、翻譯作品

《當代最佳英文小說》導讀I（馬森、熊好蘭合譯），台南：文化生活新知
　　出版社，1991年7月（筆名：飛揚）

《當代最佳英文小說》導讀II（馬森、熊好蘭合譯），台南：文化生活新知
　　出版社，1991年10月（筆名：飛揚）

《小王子》（原著法國・聖德士修百里，飛揚譯），台南：文化生活新知
　　出版社，1991年12月

《小王子》（原著法國・聖德士修百里，馬森譯），台北：聯合文學出版
　　社，2000年11月

六、編選作品

《七十三年短篇小說選》，台北：爾雅出版社，1985年4月

《樹與女——當代世界短篇小說選（第三集）》，台北：爾雅出版社，
　　1988年11月

《潮來的時候——台灣及海外作家新潮小說選》（馬森、趙毅衡合編），
　　台南：文化生活新知出版社，1992年9月

《弄潮兒——中國大陸作家新潮小說選》（馬森、趙毅衡合編），台南：
　　文化生活新知出版社，1992年9月

馬森主編，「現當代名家作品精選」系列（包括胡適、魯迅、郁達夫、周
　　作人、茅盾、丁西林、沈從文、徐志摩、丁玲、老舍、林海音、朱西
　　甯、陳若曦、洛夫等的選集），台北：駱駝出版社，1998年6月。

馬森主編《中華現代文學大系1989-2003·小說卷》，台北：九歌出版社，
　　2003年10月

七、外文著作

1963

L'Industrie cinémathographique chinoise après la sconde guèrre mondiale（論文）, Institut
　　des Hautes Études Cinémathographiques, Paris.

1965

"Évolution des caractères chinois", *Sang Neuf* (Les Cahiers de l'École Alsacienne, Paris),
　　No.11,pp.21-24.

1968

"Lu Xun, iniciador de la literatura china moderna", *Estudio Orientales*, El Colegio de
　　Mexico, Vol.III, No.3,pp.255-274.

1970

"Mao Tse-tung y la literatura:teoria y practica", *Estudios Orientales*, Vol.V,No.1, pp.20-37.

1971

"La literatura china moderna y la revolucion", *Revista de Universitad de Mexico*, Vol. XXVI, No.1, pp.15-24.

"Problems in Teaching Chinese at El Colegio de Mexico", *Journal of the Chinese Language Teachers Association in North America*, Vol.VI, No.1, pp.23-29.

La casa de los Liu y otros cuentos（老舍短篇小說西譯選編），El Colegio de Mexico, Mexico, 125p.

1977

The Rural People's Commune 1958-65: A Model of Social and Economic Development (Dissertation of Ph.D. of Philosophy at University of British Columbia, Canada).

1979

"Water Conservancy of the Gufengtai People's Commune in Shandong" (25-28 May, The Annual Conference of Association for Asian Studies).

1981

"Kuo-ch'ing Tu: *Li Ho* (Twayne's World Series), Boston, Twayne Publishers, 1979", *Bulletin of SOAS*, University of London, Vol. XLIV, Part 3, pp.617-618.

"*The Drowning of an Old Cat and Other Stories*, by Hwang Chun-ming (translated by Howard Goldblartt), Bloomington, Indiana University Press,1980", *The China Quarterly*, 88, Dec., pp.707-08.

1982

"Jeanette L. Faurot (ed.): *Chinese fiction from Taiwan: Critical Perspectives*, Bloomington: Indiana University Press, 1980", *Bulletin of the SOAS*, Unversity of London, Vol. XLV, Part 2, pp.383-384.

"Martine Vellette-Hémery: Yuan Hongdao (1568-1610): théorie et pratique littéraires, Paris, Collège de France, Institut des Hautes Études Chinoises, 1982", *Bulletin of the SOAS*, Unversity of London, Vol. XLV, Part 2, p.385.

1983

"Nancy Ing (ed.): *Winter Plum: Contemporary Chinese Fiction*, Taipei, Chinese Nationals Center,1982", *The China Quarterly*, ?, pp.584-585.

1986

"*Contemporary Chinese Literature: An Anthology of Post-Mao Fiction and Poetry,* edited with an Introduction by Michael S. Duke for the Bulletin of Concerned Asian Scholars, New York and London, M. E. Sharpe Inc., 1985", *The China Quarterly,* ?, pp.51-53.

1987

"L'Ane du père Wang", *Aujourd'hui la Chine,* No.44, pp.54-56.

1988

"Duanmu Hongliang: *The Sea of Earth,* Shanghai, Shenghuo shudian, 1938", *A Selective Guide to Chinese Literature 1900-1949,* Vol.1 The Novel, edited by Milena Dolezelova-Velingerova, E. J. Brill, Leiden · New York, KØbenhavn Köln, pp.73-74.

"Li Jieren: *Ripples on Dead Water,* Shanghai, Zhong hua shuju, 1936", *A Selective Guide to Chinese Literature 1900-1949,* Vol.1, The Novel, edited by Milena Dolezelova-Velingerova, E. J. Brill, Leiden · New York, KØbenhavn Köln, pp.116-118.

"Li Jieren: *The Great Wave,* Shanghai, Zhong hua shuju, 1937", *A Selective Guide to Chinese Literature 1900-1949,* Vol.1, The Novel, edited by Milena Dolezelova-Velingerova, E. J. Brill, Leiden · New York, KØbenhavn Köln, pp.118-121.

"Li Jieren: *The Good Family,* Shanghai, Zhonghua shuju, 1947", *A Selective Guide to Chinese Literature 1900-1949,* Vol.2, The Short Story, edited by Zbigniew Slupski, E. J. Brill, Leiden · New York, KØbenhavn Köln, pp.99-101.\

"Shi Tuo: *Sketches Gathered at My Native Place,* Shanghai, Wenhua shenghuo chu banshee, 1937", *A Selective Guide to Chinese Literature 1900-1949,* Vol.2, The Short Story, edited by Zbigniew Slupski, E. J. Brill, Leiden · New York, KØbenhavn Köln, pp.178-181

"Wang Luyan: *Selected Works by Wang Luyan,* Shanghai, Wanxiang shuwu, 1936", *A Selective Guide to Chinese Literature 1900-1949,* Vol.2, The Short Story, edited by Zbigniew Slupski, E. J. Brill, Leiden · New York, KØbenhavn Köln, pp.190-192.

1989

"Father Wang's Donkey"(translated by Michael Bullock), *PRISM International,* Canada, Vol.27, No.2, pp.8-12.

"The Theatre of the Absurd in Mainland China: Gao Xingjian's *The Bus Stop*", *Issues & Studies,* National Chengchi University, Vol.25, No.8, pp.138-148.

1990

"The Celestial Fish"(translated by Michael Bullock), *PRISM International*, Canada, January 1990, Vol.28, No.2, pp.34-38.

"The Anguish of a Red Rose"（translated by Michael Bullock）, *MATRIX*（Toronto, Canada）, Fall 1990, No.32, pp.44-48.

"Cao Yu: *Metamorphosis*, Chongqing, Wenhua shenghuo chubanshe, 1941", *A Selective Guide to Chinese Literature 1900-1949*, Vol.4, The Drama, edited by Bernd Eberstein, E. J. Brill, Leiden · New York, KØbenhavn Köln, pp.63-65.

"Lao She and Song Zhidi: *The Nation Above All*, Shanghai Xinfeng chubanshe, 1945", *A Selective Guide to Chinese Literature 1900-1949*, Vol.4, The Drama, edited by Bernd Eberstein, E. J. Brill, Leiden · New York, KØbenhavn Köln, pp.164-167.

"Yuan Jun: *The Model Teacher for Ten Thousand Generations*, Shanghai, Wenhua shenghuo chubanshe, 1945", *A Selective Guide to Chinese Literature 1900-1949*, Vol.4, The Drama, edited by Bernd Eberstein, E. J. Brill, Leiden · New York, KØbenhavn Köln, pp.323-326.

1991

"The Theatre of the Absurd in Mainland China: Kao Hsing-chien's *The Bus Stop*" in Bih-jaw Lin（ed.）, *Post-Mao Sociopolitical Changes in Mainland China: The Literary Perspective*, Institute of International Relations, National Chengchi University, Taipei, pp.139-148.

"Thought on the Current Literary Scene", *Rendition*（A Chinese-English Translation Magazine）, Nos.35 & 36, Spring & Autumn 1991, pp.290-293.

1997

Flower and Sword (Play translated by David E. Pollard) in Martha P.Y. Cheung & C.C. Lai (ed.), *Contemporary Chinese Drama*, Hong Kong, Oxford University Press, pp.353-374.

2001

"The Theatre of the Absurd in China: Gao Xingjian's *Bus-Stop*" in Kwok-kan Tam (ed.), *Soul of Chaos: Critical Perspectives on Gao Xingjian*, Hong Kong, The Chinese University Press, pp.77-88.

2006

二月，《中國現代演劇》（《中國現代戲劇的兩度西潮》韓文版，姜啟哲譯），首爾。

2013

Contes de Pékin, Paris, You Feng Libraire et Editeur, 170p.

八、有關馬森著作（單篇論文不列）

龔鵬程主編：《閱讀馬森——馬森作品學術研討會論文集》，台北：聯合文學出版社，2003年10月

石光生著：《馬森》（資深戲劇家叢書），台北：行政院文化建設委員會，2004年12月

廖玉如、廖淑芳主編：《閱讀馬森II——馬森作品學術研討會論文集》，台北：新地出版社，2014年9月

社會科學類　PF0148

中國民主政制的前途

作　　者/馬　森
責任編輯/段松秀
圖文排版/陳彥廷
封面設計/陳佩蓉

發 行 人/宋政坤
法律顧問/毛國樑　律師
出版發行/秀威資訊科技股份有限公司
　　　　　114台北市內湖區瑞光路76巷65號1樓
　　　　　電話：+886-2-2796-3638　傳真：+886-2-2796-1377
　　　　　http://www.showwe.com.tw
劃撥帳號/19563868　戶名：秀威資訊科技股份有限公司
　　　　　讀者服務信箱：service@showwe.com.tw
展售門市/國家書店（松江門市）
　　　　　104台北市中山區松江路209號1樓
　　　　　電話：+886-2-2518-0207　傳真：+886-2-2518-0778
網路訂購/秀威網路書店：http://www.bodbooks.com.tw
　　　　　國家網路書店：http://www.govbooks.com.tw

2014年9月　BOD一版
定價：300元
版權所有　翻印必究
本書如有缺頁、破損或裝訂錯誤，請寄回更換

國家圖書館出版品預行編目

中國民主政制的前途 / 馬森著. -- 一版. -- 臺北
市 : 秀威資訊科技, 2014.09
　　面 ；　公分. -- (社會科學類 ; PF0148)
　BOD版
　ISBN 978-986-326-273-2 (平裝)

　1. 中國大陸研究　2. 民主政治

574.1　　　　　　　　　　103013382

讀者回函卡

感謝您購買本書，為提升服務品質，請填妥以下資料，將讀者回函卡直接寄回或傳真本公司，收到您的寶貴意見後，我們會收藏記錄及檢討，謝謝！如您需要了解本公司最新出版書目、購書優惠或企劃活動，歡迎您上網查詢或下載相關資料：http:// www.showwe.com.tw

您購買的書名：_____

出生日期：_____年_____月_____日

學歷：□高中 (含) 以下　　□大專　　□研究所 (含) 以上

職業：□製造業　□金融業　□資訊業　□軍警　□傳播業　□自由業
　　　□服務業　□公務員　□教職　　□學生　□家管　□其它_____

購書地點：□網路書店　□實體書店　□書展　□郵購　□贈閱　□其他

您從何得知本書的消息？

　　□網路書店　□實體書店　□網路搜尋　□電子報　□書訊　□雜誌

　　□傳播媒體　□親友推薦　□網站推薦　□部落格　□其他_____

您對本書的評價：(請填代號　1.非常滿意　2.滿意　3.尚可　4.再改進)

　　封面設計____　版面編排____　內容____　文／譯筆____　價格____

讀完書後您覺得：

　　□很有收穫　□有收穫　□收穫不多　□沒收穫

對我們的建議：_____

_____

_____

_____

11466
台北市內湖區瑞光路 76 巷 65 號 1 樓

秀威資訊科技股份有限公司 　　　收

BOD 數位出版事業部

....

（請沿線對折寄回，謝謝！）

姓　　名：_____　年齡：_____　性別：□女　□男

郵遞區號：□□□□□

地　　址：_____

聯絡電話：(日) _____　(夜) _____

E-mail：_____